HANS KARL ADAM

Köstliche Küche in Schwaben

Hans Karl Adam

KÖSTLICHE KÜCHE
IN SCHWABEN

BASTEI
LÜBBE

© Copyright by Gustav Lübbe Verlag GmbH
Herausgeber: Gustav Lübbe Verlag GmbH, Bergisch Gladbach
Printed in Western Germany 1978
Einbandgestaltung, Titelfoto und Bildtafeln: Studio Schob
Illustrationen: Roland Winkler
Gesamtherstellung: Ebner, Ulm
ISBN 3-404-00703-4

Der Preis dieses Bandes versteht sich einschließlich
der gesetzlichen Mehrwertsteuer

Inhalt

Schwäbische Speisekarte

Der wo ons möcht kenna lerna,
Onser Wese will erfassa,
Der muaß mit ons zammasitza
Ond mit ons sich schmecka lassa:
Knöchla
Sauerkraut ond Spätzla
Mutschla, Sääla
Kipf ond Brezla
Hutzelbrot
ond Laugawecka
Schwartamaga
Peitschastecka
Gaisburger Marsch
ond viel Salätla
Pfitzauf, Zemmetstern
ond Flädle
Metzelsupp
ond Zwetschgaschnitzla
Schneiderfleck
ond Buabaspitzla
Guatsla
Hefakranz ond -zöpfla
Fasnetküechla
Gsälz on Knöpfla
Streuselkuacha
Supp ond Sooß
Maultascha, Dampfnudla
riesagroß!
Guglhopf
Sprengerle ond Waffla

9

Leber-, Bachstoi'-, Luckeleskäs
Älles dees, en Abständ gnossa
Ist ons Schwôba artgemäß.

Friedrich E. Vogt

So gut kochen die Schwaben

Honger treibt Brôtwürscht nei!

Kenner meinen, daß die Küche der Deutschen im allgemeinen eine Bierküche sei. Das heißt nicht, so erklären sie weiter, daß man sämtliche Gerichte mit hellem oder dunklem Bier zubereite. O nein! Freilich gibt es auch Suppen und Fleischgerichte, bei denen Bier als Zutat wichtig ist, aber das sind eigentlich wenige. Als Gegensatz dazu heißt es, die französische Küche sei eine Weinküche. Es scheint etwas Richtiges an dieser Ansicht zu sein.

In diesem Büchlein aber, bei der schwäbischen Küche, vermischen sich die Grenzen ein wenig. Wir haben es nämlich mit einer Wein- und Bierküche zu tun. Denn man trinkt in diesem »Ländle« mindestens so viel Wein wie Bier. Schließlich ist Stuttgart die größte weinanbauende Gemeinde der Bundesrepublik. In all den lieblichen Tälern und auf anmutigen Hügeln baut man vornehmlich weißen, aber auch roten Wein, der vor allem in den letzten 20 Jahren so große Fortschritte gemacht hat, daß man mit Fug und Recht von köstlichen Tropfen sprechen kann. Professor Heuss riet, als er noch im Dienst an der TH in Stuttgart war, seinen Studenten nicht von ungefähr nach Vorlesungsschluß: »Und nun, meine Herre, schlotzet Se a Viertele Fleiner.« Das war nämlich auch sein Lieblingswein.

Kurzum, dort, wo Wein wächst, kocht man anders, und die

Menschen haben zu den Genüssen des Lebens ein lebendigeres Verhältnis als die Leute in den Gegenden, wo kein Wein wächst.

Die hauptsächlichen Stützen der schwäbischen Küche sind Spätzle, Maultaschen, Gaisburger Marsch, hausgemachte Nudeln, Schweinebraten, Veschperle und natürlich die saftigen Kuchen und mannigfaltige Weihnachtsgebäcke, die Gutsle.

Wenn man auch in den letzten Jahren gelernt hat, vorgefertigte Nahrungsmittel aus der Tiefkühltruhe, aus Tüten und Dosen mehr als früher in der Küche zu verwenden, so besteht hier doch noch nach wie vor ein begrüßenswerter Hang zum Selberkochen. Ja, wie man weiß, ist die Struktur des Landes deshalb so gesund, weil die meisten Industriearbeiter daheim ihr Gütle und ihr Gärtle betreiben. Sie bleiben dabei nicht nur gesund, sondern sorgen für einen guten Teil ihrer Ernährung selbst. Diese Unabhängigkeit macht sie frei und in gewissem Sinne auch stolz. Unbewußt, so glaubt man, sind unsere Hausfrauen freier, weil sie fast alle hervorragend kochen und backen können.

Uneingeweihte staunen nicht schlecht, wenn sie zum erstenmal Kartoffelsalat und Maultaschen im Schwabenland vorgesetzt bekommen. »Was denn, Nudeln und Kartoffelsalat, das soll schmecken?« Doch sind sie erst einmal auf den Geschmack gekommen, können sie gar nicht genug davon bekommen. Das ist aber auch ein Kartoffelsalat, dieser schwäbische, so saftig wie nirgends. Und auch ein zarter, auf der Zunge schmelzender Nudelteig mit einer würzigen Füllung, die man anderswo nicht so leicht nachmachen kann.

Ebenso naserümpfend spötteln die Anfänger hiesiger Eßkunst darüber, daß es hierzulande fast allsonntäglich Schweinebraten mit Spätzle und grünem Salat gibt. Unter grünem Salat versteht man neben Kopf- und Endiviensalat auch Sonnenrädle

11

oder Hasenöhrle, womit der Feldsalat gemeint ist. Hat man sich mit dieser Tatsache einmal befaßt, begreift man rasch, welch vernünftiges Geheimnis in dieser Wiederholung verborgen ist. Der Metzger Pfleiderer weiß nämlich seit Jahren genau: Frau Häberle bekommt für ihre sechsköpfige Familie drei Pfund Kammbraten ohne Knochen. Die Frau Schaal dagegen will stets ein Stück von zwei Kilo mit Schwarte und Knochen aus der Schulter. Und so weiß jede Hausfrau, sie kann sich auf ihren Metzger verlassen, sie bekommt jeweils ein abgehangenes Schweinefleisch, das innerhalb von drei Stunden außen knusprig braun gebraten und innen rosa, zart und saftig geblieben ist.

So ein schwäbischer Sonntagsbraten ist ein Abenteuer auf der Zunge, und man kann sich keinen besseren Saucenbegleiter als Spätzle, hausgemacht, und einen saftigen Kartoffelsalat mit grünem Salat vorstellen.

Also probieren wir die erprobten Rezepte selbst aus! Bald können wir uns davon überzeugen, daß die echte schwäbische Küche nicht nur den Schwaben und nicht nur im Schwabenland köstlich schmeckt. Da wir es mit einer Wein-Bier-Küche zu tun haben, dürfen wir beim Essen das Trinken nicht vergessen, sonst heißt es: »Der fütt'ret trocke, wie d'Ochsebaure!«

Iß, trink, sei fröhlich hier auf Erd',
Denk nur nicht, daß es besser werd'!

Hans Karl Adam

Die Rezepte sind – soweit nicht anders vermerkt – für 4 Personen berechnet.

Schwäbische Nationalspeisen

Original-Spätzle (Grundrezept)
(4–6 Personen)

500 g bestes Weizenmehl, 4–5 Eier, 1 TL Salz

In einer Schüssel das Mehl mit dem Salz und den Eiern tüchtig schlagen, bis der Teig Blasen wirft. Sollte er zu fest sein, kann man 1 oder 2 EL kaltes Wasser dazugeben. Den Teig gibt man etwa 100-g-weise auf ein nasses Spatzenbrett, streicht ihn dünn zum Brettrand hin und schneidet mit einem Tischmesser halbzentimeterdünne Streifen ab, die man sofort ins kochende Wasser fallen läßt. Hat man eine Partie Spätzle im kochenden Wasser, läßt man sie sacht aufkochen, bis sie oben schwimmen. Das Messer soll während des Schneidens oder Schabens ins Wasser getaucht werden. Dann fischt man die Spätzle mit einer Schaumkelle heraus und legt sie sofort in kaltes Wasser. Wenn alle Spätzle fertig sind, schüttet man sie auf einen Durchschlag, spült sie wie Nudeln nochmals kalt ab und schwenkt sie kurz in heißer Butter warm. Vielleicht muß man sie noch etwas nachsalzen.

Saure Spätzle

20 g Butter oder Schmalz, 4 EL Zwiebelwürfel, 3 EL Mehl, 3 EL Apfelessig, ¹/₄ l Fleischbrühe, 4 EL saurer Rahm, Petersilie

In heißer Butter vorsichtig die Zwiebelwürfel und das Mehl leicht anrösten. Mit Apfelessig ablöschen, mit dem Schneebesen glattrühren und die heiße Fleischbrühe dazugießen. Sachte 5 Minuten kochen lassen. Nochmals abschmecken und den sauren Rahm dazurühren. Die Spätzle (s. Grundrezept) in die Sauce geben, umrühren, noch einmal aufkochen und das Gericht in eine warme Schüssel füllen. Gehackte Petersilie darüberstreuen.

Spätzle, mit Butter geschmälzt

50 g Butter, 4 EL Semmelbrösel

Die Butter erhitzen, nicht bräunen, und die Semmelbrösel darin leicht anrösten, dann über die abgetropften, im heißen Wasser erhitzten Spätzle (s. Grundrezept) verteilen.

Leberspätzle

250 g Mehl, 250 g Rindsleber, durch die feine Scheibe des Wolfs gedreht, 2 Eier, Salz, 1 Spur Majoran, 3 EL gehackte Petersilie

Mehl, Leber und Eier würzen und zu einem Teig mischen, der genauso tüchtig zu schlagen ist, bis er Blasen wirft, wie der uns schon bekannte Spätzleteig. Teig zugedeckt 1 Stunde ruhen lassen. Dann Spätzle zubereiten, wie im Spätzle-Grundrezept beschrieben. Über die fertigen Leberspätzle geröstete Semmelbrösel verteilen.
Beilage: grüne Salate.

Gröschte Spätzle mit Ei

50 g Butter, 500 g kalte Spätzle (s. Grundrezept), Salz, 8 Eier, aufgeschlagen, gesalzen (manche mögen auch etwas Muskat)

In einer größeren Pfanne die Butter erhitzen, die Spätzle hineingeben, leicht salzen und sacht goldraun anbraten. Bitte nicht von der Pfanne gehen, denn die Spätzle bräunen rasch durch ihren hohen Eigehalt. Dann die aufgeschlagenen Eier darüber verteilen und langsam zusammenstocken lassen. Fertiges Gericht auf warmer Platte anrichten und Schnittlauch darüberstreuen.
Beilage: Kopfsalat oder andere erfrischende Salate.

Spätzle mit Geflügelleber

20 g magere, feine Speckwürfel, 4 EL Zwiebelwürfel, 400 g Geflügelleber, klein geschnitten, Salz, weißer Pfeffer, 3 EL Madeira, 500 g Spätzle, im kochenden Wasser erhitzt (s. Grundrezept), Petersilie

Speck- und Zwiebelwürfel hell anbraten, würzen und mit Madeira ablöschen. Umrühren und zugedeckt sacht 3 Minuten kochen lassen, bis die Leber gar ist. Die heißen Spätzle unter die Leber mischen oder umgekehrt und auf warmer Platte anrichten. Mit gehackter Petersilie bestreuen.

Kässpätzle

100 g Butter, 500 g Spätzle (s. Grundrezept), Salz, 100 g Allgäuer/Schweizer Käse (es kann auch Appenzeller, Gouda oder ein anderer Holländerkäse sein), 8 EL Zwiebelwürfel, in Butter goldgelb angeröstet

In eine mit zerlassener Butter ausgepinselte, warme, feuerfeste Form lagenweise die aus dem heißen Wasser kommenden, abgetropften Spätzle mit dem geriebenen Käse füllen und abschließend die gerösteten Zwiebeln darüberzischen. Auf dem Tisch mischt man dann alles mit 2 Eßlöffeln durch, bis der Käse Fäden zieht.
Beilage: Kopf- und Tomatensalat.

Sauerkrautspätzle

50 g Schweineschmalz, 8 EL Zwiebelwürfel, 500 g Sauerkraut, 500 g Spätzle (s. Grundrezept), Salz, Zucker

Im heißen Fett die Zwiebeln anbraten, das locker gezupfte Kraut dazustreuen und erhitzen. Würzen mit etwas Salz und einer Prise Zucker. Inzwischen die Spätzle in einer Pfanne vorsichtig goldbraun rösten und dann unters Kraut mischen. Das Gericht hat einen kräftigen Geschmack, weil das Sauerkraut noch nicht durchgekocht ist.

Man kann auch fertiges, gekochtes Sauerkraut, allerdings trocken gehalten, unter die kroß angebratenen Spätzle mischen.

Spätzle mit Tomaten

60 g Butter, 4 EL Zwiebelwürfel, 400 g Tomaten, abgezogen, Salz, weißer Pfeffer, Muskat, 3 EL Schnittlauch, fein geschnitten, 500 g Spätzle, in Butter heiß geschwenkt (s. Grundrezept)

Die Tomaten kurz in kochendes Wasser geben, herausnehmen und in kaltem Wasser abschrecken, dann läßt sich die Haut leicht abziehen. Blütenansatz heraus- und die Tomaten in Scheiben schneiden.

In heißer Butter die Zwiebelwürfel andünsten, die Tomaten dazugeben, würzen und mit Schnittlauch heiß schwenken. Die Spätzle dazugeben, einmal aufstoßen lassen und auf warmer Platte anrichten.

Kartoffelspätzle

Unter den fertigen Spätzleteig (s. Grundrezept) 300 g kalte, geriebene oder durchgedrückte Kartoffeln mischen und zubereiten wie bekannt.

Filderkrautspätzle

*100 g magere Speckwürfel, 8 EL Zwiebelwürfel, 4 Äpfel, ge-
schält, entkernt, in Scheiben, 300 g gekochtes Sauerkraut, $^1/_8$ l
Weißwein aus dem Remstal, 400 g Spätzle (s. Grundrezept),
100 g geriebener Käse*

Speckwürfel zusammen mit den Zwiebelwürfeln anbraten.
Äpfel dazugeben, einmal aufkochen und das heiße, trocken ge-
haltene Sauerkraut dazumischen. Weißwein darunterrühren
und die Spätzle zufügen. Alles mischen und in eine gebutterte
feuerfeste Form füllen. Mit geriebenem Käse bestreuen und in
der Backröhre bei 250° C goldgelb überbacken.

Spätzle mit frischen Steinpilzen

*50 g Butter, 6 EL Zwiebelwürfel, 500 g frische Steinpilze, ge-
putzt, in kleinen Stücken, Salz, weißer Pfeffer, 500 g Spätzle
(s. Grundrezept)*

In heißer Butter die Zwiebelwürfel andünsten, würzen, über
die Steinpilze schütten und zugedeckt 5 Minuten dünsten.
Spätzle dazugeben, umrühren und zusammen einmal aufkochen. In warmer Schüssel anrichten und mit gehackter Petersilie bestreuen.
Abwechslung: Anstelle der Steinpilze kann man auch Pfifferlinge oder Champignons nehmen.

Spätzle mit Paprikaschotenstreifen

50 g Butter, 150 g frische Paprikaschotenstreifen, rot, 150 g frische Paprikaschotenstreifen, grün, Salz, 500 g Spätzle (s. Grundrezept)

In der heißen Butter die Paprikaschotenstreifen mit wenig Salz 5 Minuten lang andünsten. Dann die Spätzle daruntergeben und alles zusammen erhitzen.

Schinkenspätzle mit aufgeschlagenem Ei

500 g Schinkenspätzle, hierfür 200 g roher Schinken, 8 Eier, aufgeschlagen, gewürzt mit Salz und Muskat, 4 EL fein-geschnittener Schnittlauch, 50 g Butter

In der Eierpfanne mit etwas zerlassener Butter jeweils 4 dünne Eiermäntelchen zubereiten, wie zu Rührei, nur müssen die Eier wie zum Eierkuchen ganz bleiben. In der Mitte jeweils den 4. Teil der Schinkenspätzle (Spätzle lt. Grundrezept mit 200 g rohem Schinkem vermischt) legen und die beiden Seiten vom Ei darüberschlagen. Die Pfanne mit der rechten Hand an einen warmen, flachen Teller halten und die Schinkenspätzle so darauf kippen, daß die geschlossene Seite nach oben zeigt. Mit Salatblatt und Tomatenecken schmücken.

Original-schwäbische Maultaschen (Grundrezept)

Teig: 500 g Mehl, 4 Eier, etwas Salz. – Füllung: 4 Zwiebeln, 50 g magerer Speck, 250 g Schweinefleisch, alles gehackt, 250 g fertiger Spinat, 50 g rohe Spinatblätter daruntergehackt, 100 g Petersilie, gehackt, 1 Paar geräucherte Bratwürste, durchge-dreht, Salz, Muskat

Zum Teig das gesiebte Mehl zu einem Kranz auf dem Backbrett formen. Eier und Salz in die Mitte geben und daraus in ca. 12 Minuten einen glatten, festen Teig kneten. Diesen in 6 Teile schneiden und jeden Teil für sich hauchdünn ausrollen (oder ausziehen), wie zu Strudel.

Zur Füllung Zwiebeln und Speck andünsten und mit allen Zutaten sorgfältig vermischen samt dem gekochten und rohen Spinat. Diese Masse gleichmäßig und dünn auf die Teigblätter verteilen, zusammenrollen und die Ränder zusammendrücken. Mit der Hand schräg 6 cm lange Stücke drücken und so auseinanderschneiden, daß sich die Teilenden beim Kochen nicht öffnen. Die Maultaschen in kochende Brühe legen, die mit Suppenwürze und Muskat abgeschmeckt wird. Auf kleiner Flamme ziehen lassen, bis die Maultaschen obenauf schwimmen. In der Brühe mit viel gebräunten Zwiebeln auftragen. Beilage: saftiger Kartoffelsalat.

Maultaschen in Butterbröseln

40 g Butter, 4 EL Semmelbrösel oder Mutschelmehl

In der zerlassenen Butter die Semmelbrösel goldgelb rösten und über die abgetropften Maultaschen (s. Grundrezept), angerichtet auf warmer Platte, verteilen.

Maultaschen mit gerösteten Zwiebeln

50 g Butter, 8 EL Zwiebelwürfel, Schnittlauch

In der heißen Butter die Zwiebelwürfel goldgelb anrösten und über die heißen Maultaschen (s. Grundrezept), auf warmer Platte angerichtet, verteilen. Feingeschnittenen Schnittlauch darüberstreuen.

Gröschte Maultaschen mit Ei

*50 g Butter, 12 Maultaschen, abgetropft, kalt, in fingerbreiten
Streifen (s. Grundrezept), 8 Eier, aufgeschlagen und mit Salz
gewürzt, Petersilie*

In heißer Butter die Maultaschenstreifen anrösten. Wenn sie
ringsherum knusprig sind, die aufgeschlagenen, gewürzten Eier
darübergeben, langsam rühren, bis sie geronnen sind. Auf
warmer Platte anrichten und gehackte Petersilie darüberstreuen.

Maultaschen in Tomatensauce

*50 g magerer Speck, gewürfelt, 5 EL Zwiebelwürfel, 4 EL To-
matenmark, ¹/₂ l Fleischbrühe, 3 EL Stärkepuder, angerührt in
6 EL kalter Milch, Salz, 1 Messerspitze Oregano*

Speck- und Zwiebelwürfel anrösten, das Tomatenmark hineinrühren, einmal aufkochen. Mit Fleischbrühe auffüllen und aufkochen. Mit angerührtem Stärkepuder binden, noch einmal
aufkochen und würzen. Die fertigen, abgetropften Maultaschen
auf feuerfester Schale anrichten und Tomatensauce darübergeben. Mit gehackter Petersilie bestreuen.

Variation: Über das Gericht 100 g geriebenen Schweizer Käse
streuen und bei 250° C goldgelb überkrusten.

Gröschte Maultaschenstreifen als Beilage

Die in Butter angerösteten Maultaschenstreifen (s. Grundrezept) kann man auch als Beilage, wie Nudeln, zu Rindsbraten oder Gulasch geben.
Eine üppige, aber köstliche Begleitung!

Laubfrösche

1 kg großblättriger Spinat (auch Mangold), 500 g Kalbfleisch, fein durchgedreht, 2 Eier, 5 EL Semmelbrösel, 4 EL Zwiebelwürfel, 3 EL gehackte Petersilie, 20 g Butter, 1/2 l Fleischbrühe, Salz, Pfeffer

Man brüht die gewaschenen Spinatblätter, spült sie kalt ab, tupft sie mit Küchenkrepp trocken und legt sie auf ein gesalzenes Brett. Man fügt die Blätter so zusammen, daß 12 größere Blattunterlagen entstehen – pro Person 3 Stück gerechnet.
Für die Füllung dünstet man in Butter die Zwiebelwürfel mit der Petersilie an, mischt sie mit Salz, Pfeffer, den Eiern und den Semmelbröseln unter das durchgedrehte Kalbfleisch. Aus dem Teig formt man 12 daumengroße zigarrenähnliche Würstchen und legt sie auf die Spinatblätter. Man wickelt nun das Fleisch so ein, daß es ganz mit Spinat bedeckt ist. Mit der Verschlußseite nach unten, legt man die Laubfrösche nun in eine Kasserolle mit kochender Fleischbrühe. Zugedeckt läßt man sie etwa 30 Minuten leicht kochen.
Beilage: Salzkartoffeln oder selbstgemachte Nudeln (s. Rezept Seite 25)

Bubespitzle

2 Pfd. Kartoffeln, tags zuvor gekocht, aber vor dem Gebrauch erst geschält und durch die Kartoffelpresse wie zum Kartoffelbrei gedrückt, 125 g Mehl, Salz, 100 g Schmalz

Man wirkt aus den durchgedrückten Kartoffeln mit dem Mehl und etwas Salz einen glatten Teig, teilt ihn in 30 cm lange Walzen (Durchmesser 5 cm) und schneidet mit gemehltem Messer (Messer in Mehl tauchen) 3 cm breite Scheiben ab. Diese Scheiben wälzt man in Mehl auf dem Brett zu kurzen Zigarren, die wie ein Zeppelin an beiden Enden spitz auslaufen. Man legt sie in eine warme Pfanne mit heißem Schmalz und bräunt sie in der Ofenröhre bei 250° C. Man kann Schweinegrieben darüber verteilen.
Beilage: Sauerkraut oder Kopfsalat, saure Zunge oder saures Herz.

Biberle (Baustecherle)

800 g frische gekochte Salzkartoffeln, 3 Eier, 5 EL Kartoffelmehl, Salz, Muskat

Man drückt die Kartoffeln noch warm durch, würzt sie und gibt die Eier und das Kartoffelmehl dazu. Durchgeknetet rollt man auf einem gemehlten Brett längere, markstückdicke Rollen aus und schneidet 5 cm kurze Stücke ab, die man dann mit gemehlter Hand zigarrenförmig an beiden Enden spitz zulaufend ausrollt. Dann legt man die Biberle in kochendes, leicht gesalzenes Wasser und, wenn sie oben schwimmen, läßt sie ohne Feuer 15 Minuten ziehen. Abgetrocknet kann man sie auch in heißem Schmalz oder Butter anbraten.

Man ißt sie als Beilage anstelle von Knödeln, oder auch mit Kompott: Apfelmus oder Pflaumen.

Bounzelich aus Hohenlohe

600 g Kartoffeln, gekocht, kalt, geschält, gerieben oder durch die Kartoffelpresse gedrückt (durch den Spätzlesschwob geht es auch), 2 Eier, 4 EL Mehl, Salz, Muskat, weißer Pfeffer, 4 EL Milch, Schmalz zum Backen

In einer Schüssel die durchgedrückten Kartoffeln mit Gewürzen, Eiern, Mehl und Milch zu einem festen Teig verkneten und kleine Kugeln daraus formen, dabei die Hände bemehlen. Die Kugeln, im Durchmesser eines 50-Pfennig-Stückes, im heißen Schmalz goldgelb backen.
Als Beilage zu Braten, aber auch für eine fleischlose Gemüse- oder Salatplatte.

Hausgemachte Nudeln

400 g Mehl, 3 Eier, 1 Prise Salz, 1 Schuß Essig, dann trocknet der ausgerollte Teig rascher

Auf dem Backbrett das Mehl zum Brunnen formen. Eier und Salz in die Mitte geben und daraus langsam einen Teig kneten, der ganz glatt gezogen wird. Als Kugel geformt und mit feuchtem Tuch bedeckt 30 Minuten ruhen lassen. Dann den Teig in 4 Teile schneiden und jeden Teil mit wenig Mehl hauchdünn ausrollen, so daß man die Zeitung durchlesen kann. Die ausgerollten Teigstücke auf einem Tuch antrocknen lassen. Noch geschmeidig, legt man die Stücke übereinander, schneidet sie mit einem Teigrädchen in 5 cm breite Streifen und

25

diese wiederum in fingerdicke Nudeln. Auseinander gelockert läßt man sie trocknen. Dann kocht man sie etwa 10 Minuten in Salzwasser, schüttet sie auf einem Sieb ab und läßt kaltes Wasser darüberlaufen. Man röstet in heißer Butter Semmelbrösel an und streut sie über die heißen Nudeln.
Nudeln schmecken als Beilage wie Spätzle.

Variation:

Schinkennudeln

50 g Butter, 200 g gekochter, magerer Schinken, in dünnen Streifen oder kleinen Würfeln, 600 g Nudeln, gekocht, kalt

In zerlassener Butter schwenkt man den Schinken heiß und mischt die Nudeln darunter. Wenn alles heiß ist, auf warmer Platte anrichten.
Beilage: Salate und geriebener Käse.

Kroketten von selbstgemachten Nudeln

40 g Butter, 8 EL Zwiebelwürfel, 200 g frische Champignonstreifen, 100 g Bratwurstfülle, 200 g gekochter, magerer Schinken, fein gewiegt, 200 g gekochter Spinat, fein gewiegt, trocken ausgedrückt, Salz, Muskat, weißer Pfeffer, 4 EL Mehl, 1/8 l süßer Rahm, 500 g gekochte breite Nudeln, am besten hausgemachte (s. Rezept S. 25), 50 g geriebener Parmesankäse, 4 Eigelb, glattgerührt, 4 EL Petersilie, gehackt, aufgeschlagenes Ei, Mehl, Weckmehl

In heißer Butter die Zwiebeln andünsten, Champignons dazugeben, mit etwas Salz nochmals kurz andünsten. Bratwurst-

fülle, Schinken, Spinat und Gewürze dazugeben und alles 10 Minuten dämpfen. Mehl darauf streuen, umrühren und mit Rahm übergießen. Einmal aufkochen, dann die Nudeln dazumischen, noch einmal aufkochen und Topf vom Herd nehmen. Parmesankäse darunterrühren und zum Schluß die Eigelb. Alles sorgfältig verteilt, leert man die Masse auf eine gebutterte, flache Porzellanplatte, streicht die Masse 3 cm hoch glatt und bedeckt sie mit gebuttertem Pergamentpapier, um Hautziehen zu vermeiden. Kalt schneidet man die Masse in Streifen von 2 cm Breite und 5 cm Länge, rollt sie auf Weckmehl auf dem Nudelbrett rund, dreht sie in Mehl, dann in aufgeschlagenem Ei und in Weckmehl, so daß jede Krokette ringsherum eingeschlossen ist. Nun backt man sie goldgelb in heißem Schweineschmalz, am besten schwimmend.

Eierhaber

400 g Mehl, 1 Prise Salz, Muskat, ³/₈ l Milch, 5 Eier, Fett zum Backen

Mehl mit Gewürzen und Milch sowie Eigelb verrühren. Eiweiß zu festem Schnee schlagen und darunterheben. In einer flachen Pfanne einen dicken Pfannkuchen backen. Wenn er nach 3 Minuten gedreht wird, reißt man ihn mit 2 Gabeln in kleine Stücke und röstet diese ringsherum kroß an, dabei die Pfanne schwenkend.
Den fertigen Eierhaber in eine warme Schüssel schütten.
Mit Salat der Jahreszeit eine herrliche fleischlose Mahlzeit, aber auch zum Kompott oder anstelle von Spätzle als Beilage zu Gulasch und Sauerbraten zu empfehlen.

Schneeomelette

250 g Mehl, ¹/₄ l Milch, 1 Prise Salz, Muskat, 4 Eier, Fett zum Backen

In der Milch Gewürze und Mehl glattrühren. Eigelb darunterschlagen. Eiweiß zu festem Schnee schlagen und unter den Teig heben. Daraus in wenig heißem Fett kleine Pfannkuchen backen.
Beilage: Karotten, Blumenkohl, Spargel, Schwarzwurzel, Spinat oder Paprikaschoten.

Suppen und Suppeneinlagen

Tomatensupp vom Hohenzollern

50 g magere Speckwürfel, 4 EL Zwiebelwürfel, 300 g abgezogene Tomatenscheiben, 50 g Grieß, 1 l Fleischbrühe, Salz, schwarzer Pfeffer, wenig Oregano, 2 Eier, aufgeschlagen, 2 EL Schnittlauch, fein geschnitten

Speck- und Zwiebelwürfel andünsten, die Tomatenscheiben dazugeben und 5 Minuten kochen. Fleischbrühe auffüllen, umrühren, würzen, aufkochen und den Grieß einlaufen lassen. Sacht 10 Minuten kochen, bis der Grieß die Suppe leicht bindet. In die leicht kochende Suppe die aufgeschlagenen Eier hineinrühren, einmal aufkochen und abschmecken. Auf die fertige Suppe den Schnittlauch streuen.

Stettener Hirnsupp

20 g Butter, 4 EL Zwiebelwürfel, fein, 300 g Schweins- oder Kalbshirn, gewässert, bis es weiß ist, enthäutet, 1 l Fleischbrühe, Salz, Muskat, weißer Pfeffer, 3 EL Stärkepuder, angerührt in 5 EL kalter Milch, ¹/₈ l Weißwein, 3 Eigelb, vermischt mit ¹/₈ l süßer Sahne, 2 EL Schnittlauch, fein geschnitten

In der warmen Butter die Zwiebelwürfel hell andünsten. Das Hirn dazugeben, zusammen durchdünsten, dann die heiße Fleischbrühe auffüllen. Einmal aufkochen, mit dem angerührten Stärkepuder binden, noch einmal aufkochen und die Suppe vom Herd nehmen. Würzen, Wein dazugießen, umrühren und die Eigelbsahne darunterrühren. Auf die mit Hirnsuppe gefüllten Suppentassen Schnittlauch streuen.

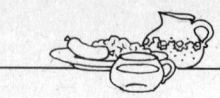

Schlemmersupp

*50 g Fett, 500 g Zwiebelscheiben, 2 EL Tomatenmark, Salz,
Pfeffer, Paprika, 500 g Rindfleisch, in kleinen Würfeln, 8 Tage
in Essig legen mit 1 Prise Zucker, Zwiebelscheiben, 2 Wacholderbeeren, 1 Lorbeerblatt, 2 Nelken, 3 Gewürzkörnern, 1 Schuß
Weißwein, 2 l Fleischbrühe, ¹/₄ l süße Sahne, 1 Schuß Portwein,
3 EL Stärkepuder, angerührt in 5 EL kaltem Wasser*

Im Fett die Zwiebeln andünsten, Tomatenmark und das abge-
tropfte Rindfleisch dazugeben, würzen. Zudecken und 30 Mi-
nuten schmoren lassen. Ist die Flüssigkeit eingekocht, von der
Essigbeize etwas dazugießen und die Fleischbrühe auffüllen.
Sahne und Portwein dazugeben und die Suppe mit dem ange-
rührten Stärkepuder leicht binden.
Beilage: frische Brötchen,
Getränk: Schillerwein.

Grünkernsupp

*30 g Butter, 50 g Grünkernmehl (im Reformhaus zu kaufen),
1 l Fleischbrühe, 2 Eigelb, verrührt mit ¹/₈ l süßem Rahm, Salz,
Muskatnuß*

In Butter das Grünkernmehl anrösten, mit Fleischbrühe auffüllen und sacht 15 Minuten kochen. Mit Eigelbsahne vermischen, vom Feuer nehmen, würzen und abschmecken. Mit gehackter Petersilie bestreuen.

Stuttgarter Laugenbrezelsupp

4 Laugenbrezeln, altbacken, in Streifen geschnitten, 1 l Fleischbrühe, 2 Eigelb, verrührt mit 4 EL süßer Sahne, Salz, Muskat, 2 EL Schnittlauch, fein geschnitten

Über die Laugenbrezelstreifen die entfettete kalte Fleischbrühe decken und zugedeckt weichen lassen. Dann alles zusammen sacht kochen, bis die Brezeln aufgelöst sind. Die Suppe durch ein grobes Sieb passieren, nochmals aufkochen und evtl. mit wenig Milch oder Fleischbrühe verdünnen. Würzen und mit der Eiersahne vermischen. Auf die fertige Suppe Schnittlauch streuen.

Riebele oder Eiergerste (Suppeneinlage)

2 Eier, 1 Eigelb, 150 g Mehl, Salz, 1 l Fleischbrühe

Man mengt unter die Eier das Salz und Mehl, bis es ein fester, strammer, ziemlich trockener Teig wird. Diesen auf einem Reibeisen durchreiben auf ein Papier und die Riebele trocknen lassen (etwa 20 Minuten). Dann die Riebele in der sacht kochenden Fleischbrühe weich kochen, Dauer etwa 5 Minuten. Auf die fertige Suppe feingeschnittenen Schnittlauch streuen.

Brennte Mehlsupp

50 g Butter oder Margarine, 100 g Mehl, 4 EL kleine Weißbrotwürfel, ohne Rinde, 1 l Wasser, Salz, Muskat, Suppenwürze

In heißer Butter das Mehl goldgelb anrösten, Weißbrotwürfel dazugeben und kurz mit rösten. Mit Wasser auffüllen und da-

bei rühren, damit das Mehl nicht knollt. 20 Minuten kochen lassen und dann vorsichtig abschmecken.

Geröstete Grießsupp

80 g Butter, 125 g Grieß, 1 l Fleischbrühe, 2 Eigelb, vermischt mit 4 EL süßem Rahm, Salz, Muskat

In heißer Butter den Grieß goldgelb rösten, mit Fleischbrühe auffüllen und sacht kochen lassen, bis der Grieß ausgequollen ist. Die Suppe würzen, mit Eigelbrahm vermischen und mit Schnittlauch bestreuen.

Metzelsupp, hausgemacht

50 g Schweineschmalz, 8 EL Zwiebelwürfel, 2 Leberwürstchen, ohne Haut, 2 Blutwürstchen, ohne Haut, 1¹/₂ l Wasser, 4 Scheiben Bauernbrot, kleinwürfelig geschnitten, Salz, weißer Pfeffer, wenig Majoran, Schnittlauch

Im Schmalz die Zwiebelwürfel anbräunen. Die Würstchen dazugeben und 5 Minuten lang mit anbraten. Dann das kochende Wasser auffüllen und umrühren. Brot dazugeben, langsam alles 5 Minuten kochen und würzen. Fein geschnittenen Schnittlauch darüberstreuen.

Durchpassierte Gemüsesupp
(4–6 Personen)

8 EL Lauchstreifen, 8 EL Gelbe-Rüben-Scheiben, 8 EL Wirsing-streifen, 8 EL Schwarzwurzelstücke, 8 EL Kohlrabistreifen, 12 EL Kartoffelscheiben, 1½ l Wasser, Salz. – Zur Bindung: 70 g Butter, 4 EL Zwiebelwürfel, 3 EL Mehl. – 4 EL süßer Rahm, Salz, weißer Pfeffer, Muskat, Weckwürfel, in Butter goldgelb angeröstet, Petersilie

Im leicht gesalzenen Wasser alle Gemüse- und die Kartoffelscheiben sehr weich kochen, dann durch ein Sieb passieren.
Zur Bindung in der heißen Butter die Zwiebelwürfel mit dem Mehl anschwitzen, mit ½ Tasse kaltem Wasser ablöschen und mit dem Schneebesen glattrühren. Die durchpassierte Gemüsesuppe darübergießen, umrühren, mit Rahm vermischen und würzen. Auf die fertige Suppe geröstete Weckwürfel und frisch gehackte Petersilie streuen.

Hühnerkraftsupp
(4–6 Personen)

1 Suppenhuhn, küchenfertig, frisch, nicht aus der Tiefkühl-truhe, in Stücke zerlegt, 3 EL Gelbe-Rüben-Scheiben, 3 EL Lauchstreifen, 3 EL Sellerieknollenscheiben, Salz, 2½ l Wasser. – Zur Suppenbindung: 70 g Butter, 3 EL Mehl. – 3 Eigelb, vermischt mit ⅛ l süßem Rahm, ⅛ l Weißwein, Salz, Muskat, frische, gehackte Petersilie

Hühnerstücke in leicht gesalzenem Wasser mit dem Wurzelwerk langsam weich kochen. Wenn das Fleisch weich ist, Brust- und Keulenfleisch klein würfeln, alles übrige Fleisch, von den Knochen gelöst, fein wiegen.

In Butter das Mehl anschwitzen, das gewiegte Fleisch dazugeben und 5 Minuten dünsten. Mit ¹/₈ l kaltem Wasser ablöschen, mit dem Schneebesen glattrühren. Dann die durch-
gesiebte Hühnerbrühe auffüllen, aufkochen und die Hühner-
fleischwürfel hineingeben. Suppe mit Eigelbsahne verrühren,
mit Weißwein vermischen und würzen. Auf die fertige Suppe
Butterflocken verteilen und frische, gehackte Petersilie darüberstreuen.

Frische Gurkasupp mit Dillrahm

*20 g Butter, 4 EL Zwiebelwürfel, 400 g frische Gurkenwürfel,
geschält, Salz, weißer Pfeffer, Dillspitzen, 5 EL Apfelessig, ³/₄ l
Fleischbrühe, 3 EL Stärkepuder, angerührt in 6 EL kalter Milch,
¹/₈ l saure Sahne, 1 Becher Joghurt, 4 EL Weißwein*

In der heißen Butter die Zwiebelwürfel hell andünsten. Die
Gurkenwürfel dazugeben und 2 Minuten mitdünsten. Würzen,
mit Apfelessig begießen und die Fleischbrühe dazuschütten.
Einmal aufkochen und mit dem angerührten Stärkepuder binden. Einmal aufkochen, abschmecken und mit saurer Sahne und
dem halben Becher Joghurt mischen. Auf die gefüllten Suppentassen je einen Klecks Joghurt geben und mit Weißwein be-
spritzen.
Zur Abwechslung schmecken auch hier angeröstete Weißbrotwürfel.
Die Gurkenwürfel als Einlage sollen innen noch nicht gar sein,
daß man sie beißen muß; um so besser schmeckt die Suppe.

Kartoffelsupp aus dem Schwarzwald

50 g Schwarzwälder Speckwürfel, 500 g Kartoffeln, roh, geschält, klein gewürfelt, 100 g Gelbe-Rüben-Scheiben, 100 g Zwiebelwürfel, 100 g Leberwurst, ohne Haut, 1 l Fleischbrühe, 1/2 l Wasser, Salz, Muskat, weißer Pfeffer, 2 EL gehackte Petersilie, 8 EL Schwarzbrotwürfel, in Butter goldgelb geröstet (Kracherle)

Speck auslassen, darin Kartoffeln, gelbe Rüben, Zwiebeln und Leberwurst anbraten. Mit Fleischbrühe und Wasser auffüllen und sacht kochen, bis alles weich und musig ist. In die warmen Suppenteller die angerösteten Schwarzbrotwürfel verteilen, die Suppe darübergießen und mit Petersilie bestreuen.

Brotsupp von geröstetem Weißbrot

200 g Weißbrot oder Wecken, in dünnen Scheiben, 1 l Fleischbrühe, 3 EL Schnittlauch, fein geschnitten

Weißbrotschnitten auf dem Backblech in der heißen Backröhre goldgelb rösten. In eine warme Schüssel geben und mit kochender Fleischbrühe übergießen. Schnittlauch darüberstreuen.

Festtagssupp mit Kalbfleischklößle

1 l Fleischbrühe, 250 g Kalbfleisch, 100 g Ochsenmark, gewässert, damit es weiß wird, 2 Eier, Salz, Muskat, weißer Pfeffer, 2 EL gehackte Petersilie

Fleisch mit Ochsenmark durch die feine Scheibe des Wolfs drehen, mit Eiern und Gewürzen vermischen und aus diesem Teig

37

mit dem Kaffeelöffel Klößchen formen und in Fleischbrühe kochen. Wenn sie oben schwimmen, vom Feuer nehmen und 10 Minuten ziehen lassen. In die warmen Suppenteller möglichst viele Klößle geben, mit Brühe auffüllen und mit Petersilie bestreuen.

Backerbsensupp

1 l Fleischbrühe, 100 g Mehl, 1 Ei, 1 Prise Salz, 1 TL Öl, 1/8 l Milch, Schnittlauch

In die Milch das Mehl rühren. Ei, Salz und Öl zufügen. Es muß ein dickflüssiger Teig sein. Durch ein mittelfeines Sieb den Teig ins heiße Fett tropfen lassen und goldgelb backen. Mit dem Schaumlöffel die fertigen falschen Erbsen aus dem Fett heben, abtropfen lassen und auf heiße Fleischbrühe setzen. Fein geschnittenen Schnittlauch darüberstreuen.

Eierstich

1 l Brühe, 3 Eier, 1/8 l Milch, Salz, Muskat, frisch gehackte Petersilie

Die Eier aufschlagen, mit Milch verrühren und würzen. Die Masse in eine gebutterte Form füllen und im heißen Wasserbad poschieren (fest werden lassen). Den kalten Eierstich in kleine Würfel schneiden und als Einlage in heiße Hühner- oder Fleischbrühe geben. Mit gehackter Petersilie bestreuen.

Markklößle

1 l Brühe, 125 g Rindermark, gewässert, klein geschnitten, 20 g Butter, 1 EL feine Zwiebelwürfel und 1 TL Petersilie, gewiegt, beides in Butter angedämpft, 1 Ei, Muskat, 1 EL Mehl, 3 EL Weckmehl

Mark auslassen, durch ein Sieb gießen und mit der Butter glattrühren. Zwiebelpetersilie, Gewürze, Ei, Mehl und Weckmehl dazurühren. Ein Probeklößle formen und ins kochende Salzwasser legen. Wenn die Klößle oben schwimmen, sind sie fertig.
Markklößchen schmecken in Fleischbrühe und Grünkernsuppe sehr gut.

Spätzle als Suppeneinlage

1 l Fleischbrühe, 100 g Spätzle (s. Grundrezept S. 15), etwas kleingehackt, so löffeln sie sich besser, 2 EL gehackte Petersilie

In der gewürzten Fleischbrühe die Spätzle erhitzen und in Suppenteller oder -tassen füllen. Mit Petersilie bestreuen.

Grießklößle

1 l klare Fleischbrühe, ¹/₂ l Milch, 50 g Butter, 100 g Grieß, Salz, weißer Pfeffer, 1 Ei, Petersilie

Milch mit Salz, Pfeffer und Butter kochen, den Grieß langsam hineinlaufen lassen, dabei rühren, bis er auf kleinem Feuer dick geworden ist. Masse etwas auskühlen lassen, dann das Ei hineinrühren. Mit 2 Kaffeelöffeln formt man die Masse zu kleinen,

länglichen Klößchen und legt diese in kochendes, leicht gesalzenes Wasser. Wenn sie oben schwimmen, sind sie fertig. In jeden warmen Suppenteller einige Grießklößle legen, klare heiße Fleischbrühe darüberschöpfen und frischgehackte Petersilie darauf verteilen.

Leberklößle

50 g Rinds-, Kalbs- oder Schweineleber, fein gehackt, 20 g fetter Speck, auch fein durchgedreht, 2 EL feine Zwiebelwürfel, 1 Ei, Salz, Muskat, weißer Pfeffer, wenig Majoran, 4 EL Semmelmehl

Zwiebeln mit dem Speck leicht anbraten und zu der Leber mit den Gewürzen geben. Ei und Semmelmehl dazumischen. Aus dem Teig mit einem Kaffeelöffel kleine Klößle formen und in kochendes Salzwasser legen. Einmal aufkochen, 10 Minuten zugedeckt ziehen lassen. Wenn die Klößle oben schwimmen, sind sie fertig.

Brätklößle

1 l Wasser, leicht gesalzen, oder Fleischbrühe, 250 g Kalbfleisch, durch die feinste Scheibe des Wolfs gedreht, 40 g Butter, 3 Eier, 150 g Mutschelmehl oder Semmelbrösel, Salz, weißer Pfeffer, Muskat, abgeriebene Zitronenschale von unbehandelten Früchten, gehackte Petersilie

Die aufgeschlagenen Eier mit Butter und Semmelbröseln vermischen und 10 Minuten ruhen lassen. Dann mit Gewürzen, Petersilie und Kalbfleisch durchmischen. Aus dem Teig Klößle formen, Durchmesser wie 1-Pfennig-Stück, und ins sacht

kochende Wasser legen. Einmal aufkochen und 5 Minuten zugedeckt ziehen lassen. Wenn die Klöße oben schwimmen, sind sie fertig.

Streifen von Maultaschen als Einlage in Fleischbrühe

Heiße Maultaschen (s. Rezept S. 20) schneidet man in dünne Streifen, gibt sie in eine warme Suppenterrine und schöpft heiße Fleischbrühe darüber. Mit gehackter Petersilie bestreuen und gebräunte Zwiebeln darauf verteilen.

Streifen von Maultaschen in Tomatensuppe

Heiße Maultaschen (s. Rezept S. 20) in dünne Streifen schneiden, in eine warme Suppenterrine geben und heiße Tomatensuppe (s. Rezept S. 31) darüberschöpfen. Mit feingeschnittenem Schnittlauch bestreuen.

Flädle

1 l Brühe, ¹/₂ l Milch, 200 g Mehl, 4 Eier, Salz, Muskat, feingeschnittener Schnittlauch, Fett zum Backen, Petersilie

In die Milch das Mehl verrühren. Eier und Gewürze zugeben und alles gut mit dem Schneebesen schlagen. In heißem Fett dünne Pfannkuchen backen und ausgekühlt in feine Streifen schneiden. Die Flädle kalt in Suppenteller oder -tassen streuen, heiße Brühe darüberschöpfen und mit gehackter Petersilie bestreuen.

Flädle als Beilage

Flädlestreifen in Butter heiß schwenken und wie Butternudeln zu Rinderbraten oder Gulasch als Beilage geben.

Fisch gehört frisch auf den Tisch!

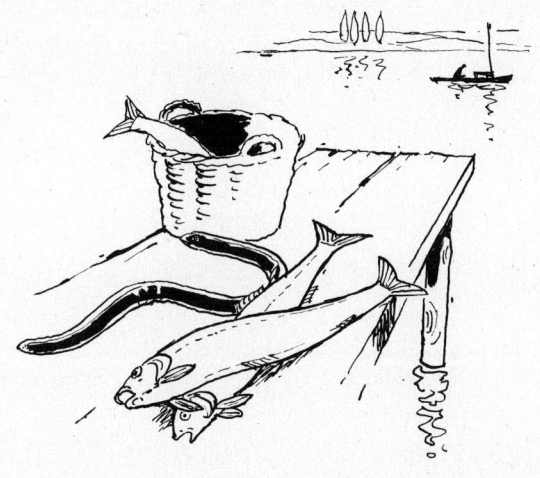

Felchen aus dem Bodensee »Müllerin Art«

30 g Fett, 50 g Butter, 4 Blaufelchen à 250 g, bratfertig, beiderseitig quer bis auf die Mittelgräte zweimal eingeschnitten, Salz, weißer Pfeffer, Zitronensaft, Worcestersauce, Mehl zum Bestäuben

Die bratfertigen Felchen innen und außen würzen, in Mehl drehen und sacht beiderseitig goldgelb braten, je Seite ca. 6 Minuten. Dann Fett durch ein Sieb abgießen und die Butter dazugeben. Langsam die Felchen in Butterschaum drehen. Die fertigen Fische auf warmer Platte anrichten, mit Zitronensaft beträufeln, mit Worcestersauce würzen und die schäumende Butter darüberzischen.
Beilage: Kartoffelsalat mit Kopf- und Tomatensalat, oder Butterkartöffelchen, mit gehackter Petersilie bestreut.
Getränk: Badener Wein.

Aal in Salbei

1 kg Aal, Salz, schwarzer Pfeffer, Zitronensaft, 16 größere, frische Salbeiblätter, Butter zum Braten

Den Aal enthäuten, mit einem Küchenmesser in 6 cm lange Stücke schneiden, jedes Stück ausnehmen und sauber waschen. Abtrocknen, würzen, in Salbeiblätter wickeln und diese mit Holzzahnstochern feststecken. Sacht in heißer Butter ringsherum anbraten, zugedeckt dünsten. Gardauer etwa 20 Minuten. Salbeiblätter sollen grün bleiben. Auf heißer Platte anrichten und die Butter darübergießen.
Beilage: Salzkartoffeln und Gurkensalat mit Dillrahm.
Getränk: Erst Riesling aus dem Remstal, danach zur besseren Verdauung 1 doppelten Schwarzwälder Kirsch.

Den restlichen Aal kann man wie Bratheringe einlegen, er ist
kalt ein Hochgenuß!
Anstelle von Salbeiblättern kann man zur Abwechslung Wein-
traubenblätter oder Spinatblätter verwenden.

Schwarzwälder Bachforelle blau

*4 größere oder 8 kleinere Forellen, 125 g Butter, Sud: Auf
1 l Wasser ⅛ l Sylvaner (Weißwein), ⅛ l Essig, 3 TL Salz*

Die Forellen nicht schuppen und nicht von außen salzen, da
dann der Schleim, der die Blaufärbung bewirkt, verletzt würde.
Die Forellen mit einem scharfen Küchenmesser an der
Bauchseite aufschlitzen, ausnehmen und unter fließendem
Wasser gründlich waschen, dabei mit dem Daumennagel den
schwarzen Streifen am Rückgrat herausschälen. Die Forellen
innen salzen und nach Belieben rund binden (einen starken Fa-
den mit einer Nadel durch Kopf und Schwanz ziehen und die
Enden verknoten).
Die Kochwassermenge richtet sich nach der Größe des Topfes,
auf jeden Fall müssen die Forellen bedeckt sein. Wasser, Wein,
Essig und Salz bei starker Hitze zum Kochen bringen, die
Forellen mit dem Kopf zuerst hineingeben, den Sud zum Ko-
chen bringen und dann den Topf von der Kochstelle nehmen.
Die Fische etwa 20 Minuten ziehen lassen; wenn sie gar sind,
lassen sich die Flossen an den Kiemen leicht herausziehen.
Getränk: Riesling aus Stetten.
Genauso kann man Schleien, Hecht, Zander und Karpfen zube-
reiten.

Forelle, gebraten

4 frische Forellen, etwas Mehl, 1 EL Öl zum Braten, 4 EL Butter zum Nachbraten, Saft einer Zitrone, Salz, 1 EL gehackte Petersilie, 1 EL Worcestersauce

Die Forellen sauber waschen, auf ein Brett legen, auf beiden Seiten schräg einschneiden bis zur Hauptgräte, damit sie rascher garen. Würzen mit Salz und Zitronensaft, auch innen. In Mehl wenden, so daß beide Seiten mit Mehl bedeckt sind. Im heißen Öl die Fische auf jeder Seite ca. 5 Minuten vorsichtig braten. Durch das Mehl ist die Gefahr des Dunkelwerdens gegeben, deshalb bitte nicht von der Pfanne gehen. Ab und zu die Fische in der Pfanne mit dem heißen Öl übergießen. Die Pfanne muß so groß sein, daß sich die Fische bequem unterbringen lassen, andernfalls nur 2 Stück auf einmal braten. Wenn sich das Forellenfleisch von der Gräte leicht lösen läßt, ist es gar. Das Öl in einen kleinen Topf durch ein Haarsieb abgießen. Die Butter dazugeben und die Forellen in dem Butterschaum drehen. Die Fische auf eine heiße Platte legen. Zitronensaft und Worcestersauce daufträufeln und die schäumende Butter zischend darübergeben. Die gehackte Petersilie über die Forellen verteilen und mit Zitronenecken und Salatblättern garnieren.

Beilage: warmer Kartoffelsalat mit etwas Mayonnaise oder Salzkartoffeln.

Getränk: gekühlter Kaiserstühler.

Hecht in Dill

1000 g küchenfertiger Hecht, Salz, Zitronensaft. – Dillsauce: 40 g Butter, 50 g Weizenmehl, ¹/₂ l Fleischbrühe, Salz, 1 EL Dill, fein gehackt

Fisch waschen, abtrocknen, in Portionsstücke schneiden, mit Zitronensaft beträufeln und etwa ½ Stunde stehen lassen. Dann wieder abtrocknen und salzen.

Für die Sauce in einem Topf das Fett zerlassen. Das Mehl unter ständigem Rühren so lange darin erhitzen, bis es hellgelb ist. Damit keine Klumpen entstehen, die Brühe nach und nach hinzugeben und mit dem Schneebesen durchschlagen. Die Sauce zum Kochen bringen, die Fischstücke in die kochende Sauce legen und bei kleiner Flamme zunächst 10 Minuten ziehen lassen. Dann den Topf von der Kochstelle nehmen und den Fisch noch ein wenig ziehen lassen. Die Sauce mit Salz abschmecken und kurz vor dem Anrichten den Dill hinzufügen.

Beilage: Salzkartoffeln und Kopfsalat.
Getränk: Riesling vom Remstal.

Trüschenleber

600 g Trüschenleber, in 4 schräge Scheiben geschnitten, Salz, weißer Pfeffer, Zitronensaft. – Zum Panieren: 1 Ei, aufgeschlagen, Mehl, Semmelbrösel. – Fett zum Braten

Die Trüschenleberscheiben würzen und in Mehl, Ei und Semmelbröseln panieren. Dann in heißem Fett beiderseitig goldgelb braten, je Seite etwa 3 Minuten. Fett durch ein Sieb abgießen und in Butter nachbraten.

Beilage: saftiger Kartoffelsalat.
Getränk: Weißherbst.

Zu den Abbildungen:
1. Tomatensupp vom Hohenzollern (Seite 31)
2. Weinbergschnecken (Seite 53)
3. Garnierte rote Würscht mit Kartoffelbrei (Seite 109)
4. Schwäbische Schlachtplatte (Seite 57)

Froschschenkel, französisch

4 EL Olivenöl, 16 Paar Froschschenkel, 4 EL feine Zwiebelwürfel, besser Schalotten, 3 Zehen Knoblauch, geschält, fein
gehackt, 4 Tomaten, ohne Haut und Kerne, grob gehackt, Salz,
Basilikum, Thymian, Rosmarin, Petersilie

In heißem Öl die Zwiebeln hell andünsten, Knoblauch, Tomaten und Gewürze dazugeben und einmal aufkochen. Die
Froschschenkel dazugeben, umrühren und zugedeckt auf
mildem Feuer 15 Minuten dünsten. Nochmals abschmecken; je
nach Geschmack etwas Zitronensaft dazuträufeln. Mit gehackter Petersilie bestreuen.
Beilage: Weißbrot.
Getränk: Herber Weißwein.

Weinbergschnecken

4 Dutzend Weinbergschnecken mit Häuschen (fertig aus der
Dose), 1/8 l Weißwein, Salz, weißer Pfeffer. – Schneckenbutter:
200 g frische Butter, küchenwarm, 2 EL Petersilie, fein gehackt, 2 Zehen Knoblauch, geschält, fein gehackt, auf dem Brett
mit flachem Messer glatt gerieben, 2 EL Zwiebeln, gerieben oder
fein gehackt, Salz, weißer Pfeffer, am besten aus der Mühle

Alle Zutaten vermischen. Die Schnecken mit Weißwein einmal
aufkochen und abkühlen lassen. In jedes Häuschen etwas vom
Schneckenfond mit einem Kaffeelöffel geben, die Schnecke ins
Häuschen drücken und mit Schneckenbutter verschließen.
Auf eine große Platte einen flachen Salzhügel schütten und
darauf die Häuschen eindrücken. So bleiben sie stehen und,
wenn sie aus dem Ofen kommen, auch warm. Die fertige Platte

mit allen Schnecken in die warme Backröhre schieben und hier bei 200° C etwa 15 Minuten erhitzen, bis die Butter schäumt. Mit erwärmtem Weißbrot zu Tisch bringen.

Mit einer Schneckenzange jeweils 1 Schnecke auf den warmen Teller bringen, die Butter auf einen Löffel gießen und mit einer Gabel oder Spießchen die Schnecke aus dem Häuschen ziehen und genießen. Abtropfende Schneckenbutter säuberlich mit dem Weißbrot auftunken.

Getränk: Herber Weißwein aus Heilbronn.

Felchen vom Bodensee in Weißwein

1 kg Felchen, ausgenommen, kochfertig, ¹/₂ l Weißwein, vom Bodensee, Salz, 1 EL Zwiebelstreifen, 1 EL Karottenscheiben, 1 gespickte Zwiebel (an 1 geschälte Zwiebel mit 2 Nelken, 1 Lorbeerblatt anheften)

Weißwein mit Gewürzen 5 Minuten sacht kochen. Felchen hineinlegen und zugedeckt 20 Minuten ziehen lassen. Auf warmer Platte anrichten.

Beilage: Salzkartoffeln, mit gehackter Petersilie bestreut, zerlassene Butter und Kopfsalat.

Getränk: Heilbronner Sylvaner.

Man kann zu den Felchen auch Sauce Hollandaise geben. Den Fischsud durch ein Sieb gießen und in kleinen Tassen reichen.

Fleisch macht jeden stark

Schwäbische Schlachtplatte

Wie überall, schätzt man auch in Schwaben den deftigen Genuß der herbstlichen Schlachtplatte. Allerdings ist sie wohl in den Beilagen hierzulande üppiger als anderswo.

Wurstbrühe

In eine warme Suppenterrine gibt man 8 EL Schwarzbrotwürfel, die man vorher in wenig Schmalz angeröstet hat. Darüber schöpft man 1 l heiße Kesselbrühe, in der Leber- und Griebenwurstfülle herumschwimmt. Umgerührt und somit etwas gedickt, verteilt man die Suppe auf warme Teller.

Schlachtplatte

Auf einen Hügel von glänzendem Sauerkraut legt man Kesselfleisch vom Kopf, von Stich, Gurgel oder Krettel-Bauch sowie Leber- und Blutwürste, die man wegen der fetten Speckwürfel auch Griebenwurst nennt.
Und jetzt die Beilagen:

Erbsenpüree von gelben Erbsen (Rezept nächste Seite), abgeschmälzt mit gerösteten Zwiebelwürfeln
Spätzle (s. Grundrezept Seite 15),
Kartoffelbrei

Erbsenpüree

250 g gelbe, halbe, geschälte Erbsen, Salz, 1 gespickte Zwiebel

Die Erbsen über Nacht in kaltem Wasser einweichen. Am nächsten Tag abgießen, mit heißer Schweinefleischbrühe bedecken, etwas salzen und die gespickte Zwiebel dazugeben. Zugedeckt sacht kochen, bis die Erbsen weich sind. Dann drückt man sie durch die Presse, rührt den Brei durch und schmeckt ihn ab. Er muß so dick wie Kartoffelbrei sein. Die angerösteten Zwiebelwürfel verteilt man darüber.
Getränk: Kühles Bier und Schwarzwälder Kirschwasser.

Sonntags-Schweinebraten

800 g Schweinefleisch, aus Keule, Schulter, Kamm oder Rücken, 1/2 l Wasser, 2 Zwiebeln, geschält, geviertelt, 2 gelbe Rüben, geputzt, zerschnitten, Salz, Pfeffer, 80 g Brotrinde (für die Farbe und Bindung der Sauce)

Im heißen Wasser das gewürzte Fleisch mit Zwiebeln und gelben Rüben sowie der Brotrinde ansetzen und im heißen Ofen langsam braten. Ab und zu begießen. Bratdauer 2 Stunden. Sauce entfetten, mit etwas Kartoffelmehl, in kaltem Wasser angerührt, binden, einmal aufkochen und durch ein feines Sieb gießen.
Beilage: Salzkartoffeln und Salate.
Getränk: Ruländer oder Bier.

Zarte Fleischbällchen

2 kg Schweinefleisch aus dem Nacken, fein durchgedreht, Salz,
Pfeffer, 2 Eier, 20 g Butter, 8 EL Zwiebelwürfel, 2 EL Petersilie,
gehackt, 2 Wecken, in kaltem Wasser eingeweicht, 5 EL Weckmehl

In heißer Butter Zwiebeln und Petersilie andämpfen. Fleisch
mit Gewürzen, ausgedrückten, durchgedrehten Wecken, Eiern
und Zwiebelpetersilie mischen und Weckmehl daruntermengen.
Aus dem Teig Klöße formen, Durchmesser 4 cm, in kochendes
Salzwasser legen (Probekloß), einmal aufkochen lassen und 15
Minuten ziehen. Wenn sie oben schwimmen, sind sie fertig.
Beilage: Salzkartoffeln.
Getränk: Weißwein.

Schweineschnitzel aus der Backröhre

300 g rohe, dünne Kartoffelscheiben, 5 EL Zwiebelscheiben,
Salz, Pfeffer, Kümmel, 4 Schweineschnitzel à 180 g, gesalzen,
gepfeffert, 2 EL Fett, 1/4 l saure Sahne

In eine ausgebutterte, feuerfeste Form eine Lage rohe, gewürzte
Kartoffel- und Zwiebelscheiben geben, darauf die kurz ange-
bratenen Schweineschnitzel, hernach eine weitere Kartoffel-
und Zwiebelschicht. Mit saurer Sahne begießen und zugedeckt
40 Minuten bei mittlerer Hitze in der Backröhre garen. Die
Form erst bei Tisch öffnen.
Beilage: grüner Salat.
Getränk: kühles Bier.

Gefüllte Schweinetaschen

*4 Stücke Schweinefleisch à 200 g aus dem Nacken, 500 g
Zwetschgen, 3 EL Zucker, 4 kleine Stückchen Stangenzimt,
etwas Salz, 4 Nelken, ¹/₂ l Fleischbrühe, 3 EL Zwiebelscheiben,
etwas Rotwein*

Jedes Fleischstück flach und breit klopfen, damit daraus eine
Tasche entstehen kann. Die Zwetschgen entsteinen, das Frucht-
fleisch vierteln und mit dem Zucker in einer Pfanne schwenken.
Die Fleischstücke beidseitig leicht salzen, auf je eine Hälfte
einen Teil der angedünsteten Zwetschgen geben, 1 Nelke und 1
Zimtstückchen zufügen und jeweils die andere Hälfte der
Fleischscheibe überklappen. Die Tasche mit 3 Holzspießchen
oder Zahnstochern zusammenstecken, in Mehl drehen und in
heißem Fett auf beiden Seiten scharf anbraten. Die Zwiebeln
zugeben, mit kochender Fleischbrühe ablöschen, die Fleisch-
taschen zugedeckt in die heiße Backröhre schieben und 50
Minuten garen lassen. Wenn das Fleisch weich ist, die Taschen
auf eine erwärmte Platte legen und warm stellen. Dem Saft
etwas Rotwein zusetzen, kurz aufkochen und diese Sauce beim
Anrichten über die Schweinetaschen gießen.
Beilage: frischer, schaumiger Kartoffelbrei.
Getränk: Moscht.

Rahmschlegel mit Spätzle

1500 g Kalbfleisch aus der Keule, Blume, Kugel – Frikandeau, gespickt mit Fettstreifen, Salz, weißer Pfeffer, 30 g Fett, 1 l Fleischbrühe, 3 EL Tomatenmark, 500 g kleingehackte Kalbs- oder Schweineknochen, 3 EL grobe Zwiebelstreifen, 3 EL Karottenscheiben, 3 EL Sellerieknollenscheiben, 1 Lorbeerblatt, 2 Nelken, 4 EL Stärkepuder, angerührt in 6 EL kalter Milch, 1/8 l saurer Rahm, 1 Schuß Weißwein oder Saft einer halben Zitrone

Man würzt das Fleisch und brät es in heißem Fett rundherum an, damit sich die Poren schließen und der Saft im Fleisch bleibt. In der heißen Bratröhre bei 300° C 20 Minuten braten, dann Knochen und Suppengrün dazugeben, so daß das Fleisch auf dem Knochenhügel liegt.

Ab und zu den Braten drehen, nach 50 Minuten ist er fertig. Er soll innen noch leicht rosa sein, um so deftiger schmeckt er.

Nun nimmt man den Braten heraus, deckt ihn zu und stellt ihn warm. Inzwischen brät man die Knochen braun an, gibt das Tomatenmark dazu und füllt mit kochender Fleischbrühe auf. Die Sauce noch 30 Minuten sacht kochen und durchpassieren. Die kochende Sauce mit angerührtem Stärkepuder binden, einmal aufkochen und mit dem sauren Rahm verrühren. Sauce nochmals abschmecken, den Wein oder Zitronensaft dazumischen. Braten aufschneiden, auf warmer Platte anrichten und die Rahmsauce darüber geben.

Beilagen: Spätzle (s. Seite 15), Gemüse wie Blumenkohl, Karotten oder Champignons.

Getränk: herber Weißwein aus der Heilbronner Gegend.

Schweinerouladen in Sahne

4 Scheiben Schweinefleisch à 100 g, 4 halbe, geräucherte Bratwürste, Mehl, Salz, Senf, Fett zum Braten. – Sauce: 50 g Speck, 100 g Zwiebeln, 2 EL Tomatenmark, 2 EL Rosenpaprika, 1/4 l Fleischbrühe, 1/8 l saure Sahne, 2 EL Stärkepuder, angerührt in 3 EL kalter Milch

Die Fleischscheiben salzen und mit Senf bestreichen. Die Bratwürstchen hineinrollen und die Röllchen mit Holzstäbchen zusammenstecken. In Mehl drehen und in heißem Fett anbraten.
Zur Sauce Speck und Zwiebeln andünsten, Tomatenmark und Paprika beifügen. Alles kurz aufkochen und mit Fleischbrühe auffüllen. Nochmals kochen lassen. Dann die Sahne dazugeben und mit dem angerührten Stärkepuder binden. Noch einmal aufkochen, die Fleischröllchen hineinlegen und gar kochen lassen.
Beilage: Sauerkraut und Eierstreifen.
Getränk: frisches Bier.

Kalter Schweinerücken auf Apfelsalat

600 g Schweinerücken, ohne Knochen, leicht gepökelt, Salzwasser, 1 gespickte Zwiebel. – Salat: 1 kg Kartoffeln, gekocht, kalt, geschält, in dünnen Scheiben, 200 g frische Äpfel, ungeschält, entkernt, in dünnen Scheiben, 100 g rohes Sauerkraut, 1/4 l saure Sahne, 3 EL Essig, 3 EL Öl, 4 EL Zwiebelwürfel, Salz, Zucker, Pfeffer, Radieschen, blaue Weinbeeren

Den Schweinerücken in mild kochendem Salzwasser mit der gespickten Zwiebel ca. 2 Stunden ziehen lassen und im Sud kalt stellen. Ausgekühlt das Fleisch in dünne Scheiben schneiden.

Die Kartoffel- und Apfelscheiben mischen, das Sauerkraut zerflocken und daruntermengen.

In einer anderen Schüssel aus den angegebenen Zutaten die Sauce rühren und über das Salatgemisch schütten. Den Salat locker durchmengen und 1 Stunde ziehen lassen. Er muß saftig sein, keinesfalls aber suppig. Die Fleischscheiben darüberdecken und mit blauen Weinbeeren und Radieschenröschen schmücken.

Getränk: frisches Bier und Schwarzwälder Kirschwasser.

Geräuchertes Ripple auf Rieslingkraut und Apfelscheiben

800 g Kasseler Ripple, ¹/₈ l Weißwein (Riesling), – Rieslingkraut: 800 g Sauerkraut, ¹/₈ l Weißwein (Riesling), 30 g Fett, 100 g Zwiebelscheiben, 100 g Apfelscheiben, 1 gespickte Zwiebel, Salz, Zucker, Wacholderbeeren, ¹/₂ l Wasser, 12 fingerdicke Apfelscheiben, geschält, entkernt, Weißwein

Pro Kopf 200 g gekochtes Kasseler auf Alufolie legen, mit Weißwein beträufeln, Alufolie schließen und in die heiße Backröhre legen.

Im heißen Fett Zwiebeln und Äpfel andünsten, das Sauerkraut dazugeben und mit dem kochenden Wasser übergießen. Die gespickte Zwiebel dazulegen und das Kraut kochen. Bitte darauf achten: es darf nicht zu weich werden. Die gespickte Zwiebel herausnehmen, Lorbeerblatt und Nelken entfernen, die Zwiebel hacken und wieder in das Kraut geben. Zum Schluß den Weißwein darunterrühren.

Die 12 Apfelscheiben auf Alufolie legen und mit Weißwein beträufeln. Auf einem Backblech 5 Minuten in der heißen Backröhre erhitzen.

Auf einer warmen Platte das Kraut in der Mitte anrichten, die

Kasseler Rippchen drauflegen und die Apfelscheiben um das Kraut garnieren.
Beilage: Kartoffelbrei.
Getränk: Weißwein.

Knuspriger Kalbsbraten

50 g Fett, 800 g Kalbfleisch, aus Keule oder Bug, Salz, weißer Pfeffer, 4 EL Zwiebelviertel, 4 EL Gelbe-Rüben-Scheiben, 4 EL Brotrinde, geschnitten, ¹/₈ l saurer Rahm, 2 EL Weißwein

Im heißen Fett das gewürzte Fleisch ringsherum scharf anbraten. Zwiebeln, gelbe Rüben und die Brotrinde dazugeben und in der heißen Bratröhre ca. 70 Minuten braten. Ab und zu begießen. Den fertigen Braten auf warmer Platte, mit etwas heißem Bratenfett begossen, warm stellen.
Pfanne auf den Herd stellen und 3 EL Mehl zum Bratfett rühren. ¹/₄ l Fleischbrühe auffüllen, wenn das Mehl braun geröstet ist, und 10 Minuten durchkochen lassen. Sauren Rahm dazurühren, die Sauce durch ein Sieb gießen und noch 2 EL Weißwein dazurühren.
Getränk: Ruländer.

Gefüllte Kalbsbrust

1,5 kg Kalbsbrust, entbeint und mit Tasche zum Füllen. – Füllung: 300 g Schweinekamm, 4 Brötchen, klein geschnitten, übergossen mit ¹/₄ l kochender Milch, 2 Eier, 30 g Butter, 8 EL Zwiebelwürfel, 2 EL Petersilie, frisch gehackt, Salz, weißer Pfeffer, Muskat. – Braten: 50 g Butter, 300 g kleingehackte Kalbsknochen, 5 EL Zwiebelviertel, 5 EL Gelbe-Rüben-Scheiben, 1 Lorbeerblatt, 2 Nelken

Schweinefleisch mit ausgedrückten Brötchen durch die feine Scheibe des Wolfs drehen. Die Zwiebeln mit Petersilie in Butter andämpfen. Alle Zutaten mit Gewürzen mischen.

Die innen leicht gesalzene Brusttasche füllen und die Öffnung zunähen. Die Kalbsbrust, außen leicht gesalzen, in Butter anbraten, dann die Knochen mit dem Wurzelwerk daruntergeben und in der Bratröhre bei 250° C langsam 2¹/₂ Stunden braten. Ab und zu mit dem Bratensaft begießen, der durch etwas Weißwein und Fleischbrühe ergänzt werden kann. Als Sauce nur den durchpassierten Bratensaft geben.

Beilage: Breite Nudeln, in Butter abgeschmälzt, und Salate mit Kartoffelsalat.

Getränk: Riesling.

Kalbsvögerl

8 Scheiben à 80 g Kalbfleisch aus der Keule (Oberschale), Salz, weißer Pfeffer, 250 g feines Schweinehackfleisch, gewürzt mit: 3 EL gedünsteter Zwiebelwürfel und gehackter Petersilie und 2 Eiern und 50 g Semmelbrösel, Salz, weißer Pfeffer – 1 l Fleischbrühe, 3 EL Tomatenmark, 4 EL Stärkepuder, angerührt in 6 EL kalter Milch, ¹/₈ l saure Sahne, 1 Schuß Weißwein

Man salzt auf ein Brett, legt die flachgeklopften, dünnen Kalbfleischscheiben darauf, würzt sie und verteilt die Füllung jeweils in Form einer kleinen Zigarre auf die Scheiben. Nun rollt man die Fleischscheiben zusammen, steckt in das Fleischende einen Holzzahnstocher, dreht jedes Röllchen in Mehl und brät es ringsherum an.

Inzwischen hat man die Fleischbrühe mit dem Tomatenmark zum Kochen gebracht und legt die angebratenen Röllchen hinein. Zugedeckt läßt man sie etwa 30 Minuten sacht kochen.

Die fertigen Röllchen sticht man heraus, legt sie zugedeckt, damit sie nicht austrocknen, warm und bindet die Sauce mit dem angerührten Stärkepuder. Einmal aufkochen und durch ein Sieb passieren. Sahne dazugeben, nochmals abschmecken und die fertige Sauce über die Kalbsvögerl geben.

Beilage: Spätzle und Salate.

Getränk: Herber Weißwein aus dem Remstal.

»Katzenbergers Wonneschüssel«

20 g Fett, 4 Schweinelendchenscheiben, fingerdick geschnitten, à 80 g, 4 Kalbslendchenscheiben, fingerdick geschnitten, à 80 g, 4 dünne Rinderlendchenscheiben, hauchdünn geschnitten, à 40 g, Salz, weißer Pfeffer, Knoblauch, ¹/₄ l Rahmsauce, mit 100 g frischen, gekochten Champignonscheiben vermischt, Petersilie, 400 g Spätzle (s. Rezept Seite 15), in heißer Butter geschwenkt

Im heißen Fett die gewürzten und mit Knoblauch eingeriebenen Lendchen rasch beidseitig anbraten, sie sollen innen noch rosa sein, und in die heiße Champignonrahmsauce legen.

In eine warme Schüssel mit Deckel die in Butter heiß geschwenkten Spätzle legen. Die Fleischscheiben aus der Sauce darüberdecken und mit der Sauce begießen. Petersilie daraufstreuen und etwas Weißwein darüberspritzen. Deckel auf die Schüssel setzen und zugedeckt auftragen.

Beilage: Tomaten- und Kopfsalat.

Getränk: Ruländer.

Kalbsragout mit Kohlrabi

1 kg Kalbfleisch mit Knochen, aus Bug oder vom Hals, in größeren Würfeln, 3 EL Öl, 100 g Fett, 500 g Zwiebelscheiben, 2 EL Tomatenmark, Fleischbrühe, 300 g Kohlrabi, in Scheiben, 2 EL Stärkemehl, angerührt in 4 EL kalter Milch, $^1/_8$ l saure Sahne, Zitronensaft, Weißwein

Fleisch in heißem Öl anbraten. Zwiebelscheiben mit Tomatenmark im Fett andünsten und die angebratenen Kalbfleischstücke daraufschütten. 10 Minuten zusammen dämpfen. Mit Fleischbrühe auffüllen und umrühren. Sobald das Fleisch weich ist (ca. 1 Stunde), die Kohlrabi dazugeben, 10 Minuten mitkochen lassen, die Sauce mit dem angerührten Stärkemehl binden und 5 Minuten kochen lassen. Die saure Sahne dazugießen und mit etwas Zitronensaft und einem Schuß Weißwein abschmecken.
Beilage: Spätzle.
Getränk: kühler Weißwein aus Stetten im Remstal.

Kalbskoteletts mit Champignons und Karotten

4 Kalbskoteletts, gut abgelagert, je 180 g schwer, Salz, Pfeffer, Paprika, 50 g Mehl, 1 Ei, aufgeschlagen, Fett zum Braten, 400 g Reis, körnig gekocht, Safran, Muskat, Salz, 200 g frische Champignons, 200 g junge Karotten, Salz, 1 EL Petersilie, gehackt, $^1/_8$ l Sahne, 4 EL geriebener Käse

Kalbskoteletts salzen, pfeffern und mit Paprika bestreuen. In Mehl drehen und in aufgeschlagenem Ei wenden. Rasch in heißem Fett beidseits anbraten. Die Koteletts in eine gebutterte Pfanne legen, die vorher mit gekochtem, körnigem Reis, gewürzt mit Safran, Muskat und Salz, gefüllt wurde.

Folgende Mischung darüberdecken: Champignons und Karotten, roh, blättrig geschnitten, gesalzen und vermengt mit Sahne, Petersilie und geriebenem Käse. Die Pfanne offen in den heißen Ofen stellen. Nach 10–15 Minuten ist das Gericht fertig.
Beilage: neue Kartoffeln mit Petersilie.
Getränk: Remstäler Weißwein.

Kalbfleisch, eingemacht

50 g Butter oder Fett, 8 EL Zwiebelstreifen, 600 g Kalbfleisch ohne Knochen, aus der Schulter oder vom Hals, in mundgroßen Würfeln, 5 EL Mehl, 1/8 l Weißwein, 1/2 l Fleischbrühe, Salz, Muskat, Zitronensaft, Petersilie

In Butter die Fleischwürfel anbraten, ohne daß sie braun werden. Zwiebelstreifen dazugeben, 2 Minuten mitdünsten. Mehl darüberstäuben, 1 Minute mitdünsten, mit Weißwein ablöschen und mit Fleischbrühe auffüllen. Alles sacht kochen lassen, bis das Fleisch weich ist, dann würzen. Die Sauce muß deckend dick sein; sollte sie das nicht, dann mit etwas kalt angerührtem Stärkepuder nachhelfen. Über das fertige Gericht gehackte Petersilie streuen.
Beilage: Spätzle.
Getränk: Riesling.

Eingemachtes Kalbfleisch »festlich«

2 Eigelb mit 1/8 l Rahm vermischen und unter das fertige Gericht rühren. Nun nicht mehr kochen lassen, weil sonst das Eigelb gerinnt.

Kalbsbriesle, überbacken

*500 g gekochte Kalbsbriesscheiben, Salz, Zitronensaft, 4 EL
Weißwein, 1 EL gehackte Petersilie. – Sauce: ¹/₄ l Brühe, in der
die Briesle gekocht wurden, 3 EL Stärkepuder, angerührt in
4 EL kalter Milch, Salz, Zitronensaft, 2 Eigelb, angerührt in
4 EL Sahne, 50 g geriebener Käse*

Aus der kochenden Brühe die gekochten Kalbsbriesle nehmen,
in fingerdicke Scheiben schneiden und mit etwas Salz und Zitronensaft würzen, ebenso mit Weißwein und gehackter Petersilie. In eine feuerfeste Form legen. Zur Sauce die passierte
Brühe aufkochen, mit angerührtem Stärkepuder binden, noch
einmal aufkochen, würzen und mit der Eigelbsahne vermischen.
Die Sauce über die Brieslescheiben decken und mit geriebenem
Käse überstreuen. Bei 250° C im Backofen goldgelb überbacken.
Beilage: geröstete Spätzle und Salate.
Getränk: Heilbronner Weißwein.

Rahmschnitzel

*20 g Fett, 4 Scheiben Kalbfleisch à 180 g, aus der Keule
(Schnitzelstück), Salz, weißer Pfeffer, 2 EL Mehl. – Sauce: 50 g
magere Speckwürfel, 4 EL Zwiebelwürfel, 1 EL Tomatenmark,
¹/₈ l Fleischbrühe, ¹/₈ l saurer Rahm, Salz, ungarischer Paprika
edelsüß, 1 EL Stärkepuder, angerührt in 3 EL kalter Milch,
Zitronensaft, 1 Schuß Weißwein*

Speck- und Zwiebelwürfel anschwitzen, Tomatenmark dazurühren und mit Fleischbrühe auffüllen. Einmal aufkochen, mit
dem angerührten Stärkepuder binden und noch einmal aufkochen. Saure Sahne dazurühren und würzen.

Im heißen Fett die Kalbfleischscheiben, gewürzt, beidseitig anbraten, je Seite 3 Minuten. In die Sauce legen und hier noch 5 Minuten durchziehen lassen. Einen Schuß Weißwein dazurühren. Auf warmer Platte anrichten und mit Rahmsauce bedecken.
Beilage: Spätzle, in Butter mit Semmelbröseln heiß geschwenkt.
Getränk: Weißwein.

Lendenbraten

2 kg abgehangenes Rindfleisch aus der Keule, reichlich mit Speck gespickt, Salz, Pfeffer, 3 Zehen Knoblauch, zerrieben, 3 EL Fett, 100 g magere Speckstreifen, 300 g Zwiebelscheiben, 300 g Gelbe-Rüben-Scheiben, 1 Lorbeerblatt, 3 Nelken, 1/4 l Rotwein, 1/2 l Fleischbrühe, 2 EL Stärkepuder, angerührt in 3 EL kaltem Wasser, 6 EL Rotwein

Das gewürzte und mit Knoblauch eingeriebene Fleisch im heißen Fett scharf anbraten. Speck mit den Zwiebeln und Möhren andünsten und die Gewürze dazugeben. Das Fleisch darauflegen, mit Rotwein übergießen und 20 Minuten in der heißen Bratröhre zugedeckt dämpfen. Fleischbrühe kochend darübergießen und zugedeckt weiterkochen. Nach 2 Stunden ist das Fleisch weich. Herausnehmen, Sauce auf den Herd stellen und mit dem angerührten Stärkepuder binden. Einmal aufkochen und den Rotwein hineingießen. Fleisch in Scheiben schneiden und die heiße Sauce darübergeben.
Beilage: Kartoffelklöße.
Getränk: Heilbronner Trollinger.

Siedfleisch mit vielen Beilagen (Samstagessen)

1000 g Rindfleisch zum Kochen (Tafelspitz, aus der Keule, Brustkern, Brustspitze, Hochrippe, kurz – ein mit Fett durchwachsenes Stück), 500 g Rinderknochen mit einigen Markknochen, 4 l Wasser, Salz, Muskat, Suppengrün, gespickte Zwiebel, angebräunte Zwiebelhälften, quer durchgeschnitten, ungeschält, 2 EL fein geschnittener Schnittlauch oder gehackte Petersilie. – Beilagen: Bratkartoffeln, saure Gurken, Senfgurken, Preiselbeeren, Perlzwiebeln, Kürbis, Meerrettichsauce. – Meerrettichsauce: $^1/_8$ l Fleischbrühe, $^1/_8$ l Milch, 3 EL Stärkepuder, angerührt in 5 EL kalter Milch, 8 EL geriebener Meerrettich, am besten frischer, vermischt mit Salz, Zucker und Zitronensaft

Wasser mit etwas Salz, Zucker, Zwiebel und den Knochen kochen, dann erst das Fleisch hineinlegen, damit sich die Poren sofort verschließen und der Saft im Fleisch bleibt. Nach 1 Stunde langsamen Kochens oder Siedens (deshalb Siedfleisch) das Suppengrün hineingeben. Das Fleisch muß weich sein, es dauert etwa 2 Stunden. Fleisch herausnehmen, in fingerdicke Scheiben schneiden und auf warmer Platte anrichten.
Inzwischen hat man Bratkartoffeln mit Zwiebelwürfeln knusprig gebraten und die anderen Beilagen in Schälchen auf einem Tablett auf den Tisch gestellt.
Zur Meerrettichsauce Fleischbrühe und Milch aufkochen, mit angerührtem Stärkepuder binden und einmal aufkochen. Den mit den Gewürzen vermischten Meerrettich darunterrühren und erhitzen, aber nicht kochen: so bleibt die erhoffte Stärke im Meerrettich erhalten.
Suppengrün mit einer Schaumkelle aus der Brühe nehmen, abgetropft auf dem Brett hacken und, mit gehackter Petersilie

vermischt, über das gekochte Fleisch streuen. Man kann es auch als Suppeneinlage verwenden.

Die Markknochen mit Inhalt legt man zum Fleisch auf die Platte. Dazu stellt man einige Scheiben Bauernbrot auf den Tisch. Kenner legen sich das Mark auf eine Brotscheibe, streuen etwas Salz darüber und genießen diesen besonderen Leckerbissen.

Getränk: Weißwein.

Ochsenbrust, kalt, mit Sauce Vinaigrette

800 g kalte, gekochte Ochsenbrust, mager, Fett entfernt, 12 EL Sauce Vinaigrette oder Grüne Sauce, Salat, rote Rüben, als Salat in 4 Muscheln angerichtet

Auf eine Platte die Ochsenbrustscheiben legen, Sauce Vinaigrette (fertig im Feinkostgeschäft zu kaufen) oder Grüne Sauce darübergießen, Platte mit Salatblättern umlegen und die 4 Muscheln mit den roten Rüben daran setzen.

Schwäbischer Sauerbraten

1 kg Ochsenfleisch (Keule, Schwanzstück). – Beize: 1/2 l Weinessig und 1/2 l Wasser zusammen aufkochen und abkühlen lassen, 1 Lorbeerblatt, 2 Nelken, 5 Pfefferkörner, 4 EL Zwiebelscheiben, 4 EL Gelbe-Rüben-Scheiben. – Braten: 50 g Fett, 100 g Brotrinde, geschnitten, 1/4 l Beize, 1/4 l Fleischbrühe

In einen Steingut- oder Tontopf das Fleisch legen und die Beize darübergießen. Alle Gewürze und Wurzelwerk dazugeben. Das Fleisch abtropfen lassen, abtrocknen, mit Salz und Pfeffer würzen und in heißem Fett ringsherum scharf anbraten. Mit

Beize ablöschen und in der heißen Bratröhre braten. Ab und zu das Fleisch übergießen. Später die Fleischbrühe dazugießen und die Brotrinde dazugeben. Nach 2 Stunden ist das Fleisch weich. Fleisch herausnehmen und warm stellen.

Pfanne auf den Herd stellen und die Sauce durch ein Sieb passieren und abschmecken.

Beilage: Nudeln, abgeschmälzt.

Getränk: Rotwein.

Rindfleisch-Gröstel

20 g Butter, 4 EL Zwiebelringe, 500 g gekochtes, kaltes Rindfleisch (Suppenfleisch), in Streifen geschnitten, Salz, schwarzer Pfeffer, 4 Eier, aufgeschlagen

In Butter die Zwiebeln mit den Rindfleischstreifen anbraten, würzen und die Eier darübergießen. Ziemlich trocken braten und auf warmer Platte anrichten.

Beilage: grüner Salat, Kartoffelsalat, Preiselbeeren.

Getränk: Bier.

Leberknödel

400 g Leber (Rinds- oder Schweineleber) durch die feine Scheibe des Wolfs gedreht (beim Metzger bekommt man sie auch durchgedreht zu kaufen), 4 Brötchen, klein gewürfelt, übergossen mit 1/4 l heißer Milch, 2 Eier, Salz, schwarzer Pfeffer, Muskat, Majoran, aber bitte nur eine Spur, 4 EL Zwiebelwürfel, in wenig Fett mit 1 EL feingehackter Petersilie angedünstet, 1 1/2 l Wasser, gesalzen, 1 gespickte Zwiebel. – Zum Abschmälzen: 20 g Schweineschmalz, 8 EL Zwiebelwürfel

In einer Schüssel die Leber mit den ausgedrückten Brötchen, den Gewürzen, den angedünsteten Petersilienzwiebeln und den Eiern zum Teig mischen.

Das gesalzene Wasser mit der gespickten Zwiebel kochen. Aus dem Teig mit 2 Eßlöffeln Klöße formen und sie ins sacht kochende Wasser legen, einmal aufkochen und dann zugedeckt 10 Minuten ziehen lassen. Die Knödel mit einem Schöpfer aus dem Sud nehmen und auf warmer Platte anrichten.

Im heißen Schmalz die Zwiebelwürfel goldgelb rösten und über die Leberknödel verteilen.

Beilage: Salzkartoffeln und Sauerkraut.

Getränk: Bier.

Gefüllte Fleischflädle

12 Flädlebacken, 200 g Bratwurstbrät, 20 g Butter, 4 EL Zwiebelwürfel, 1 EL Petersilie, gehackt, 2 Eier, 3 EL süßer Rahm, 1 Prise Salz, 1 Prise weißer Pfeffer

In heißer Butter Zwiebelwürfel mit Petersilie andünsten, mit Rahm, Gewürzen und Eiern unter das Bratwurstbrät mischen und in die fertigen Flädle streichen. Die Ränder sollen fingerdick frei bleiben; sie bestreicht man mit aufgeschlagenem Ei und drückt sie zusammen. Die bestrichenen Flädle zusammenrollen, etwas flach drücken und 4 cm lange verschobene Vierecke mit einem Kochlöffel abdrücken, dann mit einem Teigrädchen durchschneiden. Gefüllte Flädle 20 Minuten ruhen lassen.

Inzwischen Fleischbrühe oder Salzwasser kochen und die Flädle hineinlegen. Wenn sie oben schwimmen, Topf vom Feuer nehmen und zugedeckt 15 Minuten ziehen lassen. Fertige Flädle

mit gerösteten Zwiebelwürfeln oder mit in Butter gerösteten Semmelbröseln abschmälzen.
Beilage: saftiger lauwarmer Kartoffelsalat.
Getränk: Schillerwein (Rosé).

Variationen:

Gefüllte Fleischflädle »Omas 1. Rezept«:

Die gefüllten, unzerschnittenen Flädle in Fleischbrühe oder leicht gesalzenem kochendem Wasser sacht 5 Minuten kochen, dann noch 15 Minuten ziehen lassen. Abschmälzen und gemischten Salat dazugeben.

Gefüllte Fleischflädle »Omas 2. Rezept«:

Die gefüllten, ausgeruhten Flädle in gebutterte, flache, feuerfeste Form nebeneinander legen, mit Tomaten- oder weißer Sauce bedecken, mit geriebenem Käse und Semmelbröseln bestreuen, mit Butterflocken belegen und bei 220° C ca. 15 Minuten im heißen Backofen goldbraun überbacken.
Beilage: grüner Salat mit Tomateneckensalat.

»Tapfer-Schaffe-Mahlzeit«
(Zutaten für eine Person)

20 g Fett, 50 g kleine, magere Schinkenwürfel, gekocht oder roh, oder Fleischwurstwürfel, 3 EL Zwiebelwürfel, 150 g Kartoffeln, gekocht, kleingehackt, Salz, weißer Pfeffer, 2 EL Petersilie, gehackt, 2 Eier

Im heißen Fett die Würfel von Zwiebel und Schinken kurz anbraten. Kartoffeln dazugeben, würzen und knusprig braten. Petersilie daruntermischen. Ist das geschehen, in die Kartoffeln mit einem Eßlöffel 2 Löcher formen, in jedes 1 Butterflocke und 1 aufgeschlagenes Ei geben. Langsam garen lassen und so die Portion auf einen warmen Teller schieben.

Beilage: Kopfsalat.

Nette Abwechslung:

Man kann auch in die fertig gebratenen Kartoffeln, die schon auf dem warmen Teller sind, 2 Löcher formen und dann in jedes jeweils 1 rohes Eigelb füllen.

Getränk: Bier.

Hoppelpoppel

3 EL Fett, 250 g magerer, geräucherter Schweinespeck, 500 g Kartoffeln, gekocht, 8 EL Zwiebel, kleingewürfelt, 8 Eier, aufgeschlagen, 2 TL Schnittlauch, fein geschnitten, Salz, Muskat

Speck erst in Scheiben schneiden und dann in Würfel, so klein es eben geht.

Kartoffeln waschen, kochen, auf einen Durchschlag schütten und mit kaltem Wasser abspülen; so lassen sie sich leichter schälen. Die Kartoffeln in dünne Scheiben schneiden und in eine Schüssel geben. Die einzelnen Scheiben dürfen nicht zusammenkleben, sie sollen einzeln bleiben. Die Zwiebel schälen und in feine Würfel schneiden. Eier in einen Topf mit Schnauze aufschlagen; Salz, Muskat und den feingeschnittenen Schnittlauch hinzufügen. Mit einem kleinen Schneebesen die Eier so lange schlagen, bis Eigelb und Eiweiß gut vermischt sind.

In einer großen, flachen Stielpfanne das Fett erhitzen. Die Kartoffeln hineinschütten und mit einer Gabel breit über die ganze

Fläche verteilen. Etwas salzen und 3 Minuten braten lassen. Jetzt die Speckwürfel darüber verteilen, zudecken und nach 5 Minuten die Zwiebelwürfel hinzufügen und alles umrühren. 5 Minuten braten lassen und vorsichtig umrühren.

Nun in etwas heißem Fett in einer anderen Pfanne die aufgeschlagenen Eier zu einem lockeren Pfannkuchen zubereiten. Etwas am Pfannenstiel rütteln, damit die Eier locker und beweglich bleiben und nicht anhängen. Jetzt die duftenden Kartoffeln in die Mitte der Eier häufeln, den Pfannkuchen rechts und links darüberschlagen und so auf eine warme Platte schieben, daß oben eine glatte, gelbe Eierdecke zu sehen ist. Mit Salatblättern und Tomatenecken schmücken.

Getränk: Bier.

Krautwickel

1 größerer Kopf Weißkraut, Salzwasser. − Füllung: 300 g Schweinenacken und 300 g Rindfleisch vom Hals, beides mittelfein durchgedreht, 2 Brötchen, in Milch eingeweicht, 4 EL Zwiebelringe, 2 EL Petersilie, gehackt, 1 EL Butter, Salz, Pfeffer, Muskat, 4 EL Zwiebelringe, 4 EL Möhrenscheiben, 4 EL Kümmel, 1/2 l Fleischbrühe, 4 Scheiben magerer Speck

Vom Krautkopf die äußeren Blätter wegnehmen und den harten Strunk herausschneiden. Dann den Kopf in Salzwasser legen, daß er bedeckt ist, und 10 Minuten kochen. Herausnehmen, kalt abschrecken und abtropfen lassen. Die großen Blätter unbeschädigt entfernen, etwas abtrocknen und die harten Rippen herausschneiden. Vier große Krautblätter auf das mit Salz bestreute Brett legen, einige kleinere Blätter auf die großen verteilen und mit etwas Salz und Kümmel bestreuen.

Zur Füllung Fleisch und die gut ausgedrückten Brötchen in eine
Schüssel geben. Zwiebeln mit Petersilie andünsten und dazugeben. Würzen und die Milch von den eingeweichten Brötchen
zufügen. Alles gut vermischen. Diese Füllung gleichmäßig auf
die Krautblätter verteilen, etwas länglich formen. Krautblätter
so über das Fleisch schlagen, daß die Füllung ringsum gut eingeschlossen ist. Ziemlich stramm zusammenrollen.
In einer Pfanne, die alle Krautwickel aufnehmen kann, die
Zwiebel- und Möhrenscheiben 5 Minuten andünsten, heiße
Fleischbrühe darübergießen, die Krautwickel hineinlegen und
auf jeden eine Speckscheibe geben. Zugedeckt in der heißen
Backröhre langsam 20–25 Minuten dünsten. Mit der Bratengabel probieren, ob das Fleisch gar ist. Zum Schluß die Krautwickel noch 3 Minuten lang ohne Deckel im Ofen Farbe an-
nehmen lassen.
Beilage: Salzkartoffeln.
Getränk: Bier oder Weißwein.

Biberacher Brätklößle

*250 g Kalbfleisch, durch die feine Scheibe des Wolfs gedreht,
40 g Butter, 3 Eier, 150 g Semmelbrösel, Salz, weißer Pfeffer,
Muskat, abgeriebene Zitronenschale von unbehandelten Früchten, gehackte Petersilie, 1 l Wasser, leicht gesalzen, oder
Fleischbrühe*

Die aufgeschlagenen Eier mit Butter und Semmelbröseln vermischen und 10 Minuten ruhen lassen. Dann mit den Gewürzen, Petersilie und Kalbfleisch durchmischen. Aus dem Teig
Klößle formen, Durchmesser wie 1-Pfennig-Stück, und ins
sacht kochende Wasser legen. Einmal aufkochen und zugedeckt

5 Minuten ziehen lassen. Wenn sie oben schwimmen, sind sie fertig.
Beilage: Spätzle und Salat.
Getränk: Moscht.

Sauerkrautrouladen, pikant

1 Kopf Weißkohl, etwa 500 g, 400 g Schweinehack (Bratwurstfülle), 100 g magere Speckwürfel (damit die Rouladen saftig werden und den feinen Räuchergeschmack bekommen), 1/8 l Milch, 400 g Sauerkraut, roh, Salz, schwarzer Pfeffer, grob, Kümmel, Zwiebelstreifen, ungarischer Paprika, edelsüß, Fleischbrühe

Aus dem Kohlkopf schneidet man keilförmig den Strunk heraus und kocht ihn 15 Minuten in Salzwasser oder dämpft ihn 40 Minuten. Man zerlegt den Weißkohl in seine Blätter und schneidet, wenn nötig, die dicken Rippen aus den Blättern. Man salzt ein Brett und legt die Kohlblätter portionsweise darauf. Man würzt sie und legt in die Mitte einer jeden Portion etwa 50 g Sauerkraut.
Das Schweinehack mischt man mit Milch und Speckwürfeln, so daß es locker wird. Dann verteilt man es auf die Sauerkrauthäuflein und deckt das Fleisch mit dem restlichen Sauerkraut zu. Würzen mit Pfeffer, Kümmel, Zwiebelstreifen und ungarischem Paprika edelsüß. Die Kohlblätter um die Füllung legen, rouladenartig zusammendrücken und mit der Schlußseite nach unten in eine Pfanne legen, in der 1/4 l Fleischbrühe steht. Wenn alle Sauerkrautrouladen in der Pfanne liegen, die Pfanne zudecken und in der heißen Bratröhre bei 250° C ca. 1 Stunde garen lassen.
Beilage: Salzkartoffeln oder Kartoffelbrei und Tomatensalat.
Getränk: frisches Bier oder herber Weißwein.

Gebackene Kutteln

500 g Kutteln (vom Rindermagen), Salz, Majoran, Zitronen-saft, Worcestersauce, 1 Ei, aufgeschlagen, Mehl, Semmelbrösel, Fett zum Backen, Brühe mit Wurzelwerk

Kutteln in Brühe mit Wurzelwerk weich kochen. Abgetropft, kalt in streichholzschachtelgroße Stücke schneiden und mit Salz, Zitronensaft, Worcestersauce und einer Spur Majoran würzen. In Mehl drehen, in aufgeschlagenem Ei wälzen und sorgfältig mit Semmelbröseln panieren. Dann in heißem Fett ausbacken. Abgetropft auf heißer Platte anrichten und mit Petersilien-sträußchen und Zitronenschnitzen garnieren.
Beilage: Mayonnaisesalat oder saftiger Kartoffelsalat mit Remouladensauce
Getränk: herber Weißwein.

Schwäbischer »Roschtbroate« (Zutaten für 1 Person)

20 g Fett, 1 Scheibe Roastbeef von 200 g, Haut dreimal einge-schnitten, damit sich das Fleisch nicht nach oben biegt, wenn es gebraten wird, Salz, weißer Pfeffer, 60 g geröstete Zwiebel-streifen, 10 g Butter, 80 g Spätzle, in Butter heiß geschwenkt, vermischt mit 80 g Sauerkraut

Im heißen Fett die gewürzte Scheibe Roastbeef je Seite 4 Mi-nuten scharf anbraten. Fett durch ein Sieb abgießen und auf-fangen. In die Pfanne die Butter geben und das Fleisch je Seite noch 2 Minuten braten.
Inzwischen auf heißem Teller das Spätzle-Kraut-Gemisch an-richten, das Fleisch darauf legen und in der Butter die Röst-zwiebeln erhitzen und über das Fleisch zischen.
Beilage: Endiviensalat.
Getränk: Trollinger aus dem Bottwartal.

Rostbraten mit Röstzwiebeln

4 EL Öl, 4 Scheiben Rindfleisch aus dem Rücken à 150 g (man sagt auch Roastbeef, vom Metzger flach klopfen lassen), Salz, weißer Pfeffer, 4 Knoblauchzehen, geschält, kleingehackt, 4 EL Butter

Die Haut am Fleischrand mit scharfem Küchenmesser einschneiden, damit sich das Fleisch beim Braten nicht einrollt. Eine Scheibe Fleisch auf flachen Teller legen, darauf den gehackten Knoblauch verteilen und einen Kaffeelöffel Öl darauf träufeln. Die 2. Scheibe Fleisch darauflegen, so zieht der Knoblauchgeschmack in beide Fleischstücke ein. Mit der 3. und 4. Scheibe genauso verfahren. Das Öl macht das Fleisch zart. 10 Minuten ruhen lassen.

In einer Stielpfanne Öl erhitzen. Die Fleischstücke hineinlegen; sie müssen genügend Platz haben und dürfen jetzt nicht mehr übereinanderliegen. Nach 2 Minuten das Fleisch mit der Bratengabel vorsichtig umdrehen und diese Seite auch etwa 2 Minuten braten. Jetzt die Butter in die Pfanne geben, sie darf nur schäumen und nicht schwarz werden. In der Butter kurz nachbraten und die Rostbraten auf warmer Platte anrichten.

Röstzwiebeln

4 größere Zwiebeln, 1/8 l Öl

Die Zwiebeln schälen, quer halbieren und in dünne Scheiben schneiden. Öl in einer Stielpfanne erhitzen, die Zwiebelscheiben hineingeben und auf kleiner Flamme rösten lassen. Mit der Bratengabel umrühren. Sobald die Zwiebeln goldbraun sind, auf ein Sieb schütten und das Fett auffangen.

Beilage: Spätzle.

Getränk: Rotwein.

Ochsenschweifragout in heimischem Rotwein

3 EL Öl, 1 kg Ochsenschwanz, in den Gliedern zerhackt. 2 große Zwiebeln, gewürfelt, 2 gelbe Rüben und 1 Stange Lauch, in kleine Stücke geschnitten, 1 Lorbeerblatt, 2 Nelken, 2 EL Zucker, 5 EL Mehl, 1½ l Fleischbrühe, ½ l schwäbischer Rotwein, 250 g Pfifferlinge, 50 g magerer Speck, 3 EL feine Zwiebelwürfel, 1 EL gehackte Petersilie, Salz, Pfeffer, 3 EL Tomatenmark

In einer stabilen Kasserolle das Öl rauchend heiß machen. Die leicht gesalzenen Ochsenschwanzstücke hineingeben und allseitig braun rösten, ca. 20 Minuten. Zwiebeln, gelbe Rüben und Lauch dazugeben, 20 Minuten mitrösten lassen, ab und zu umrühren. Das Mehl anstäuben, umrühren, Tomatenmark dazugeben und 5 Minuten ziehen lassen. Mit Rotwein ablöschen. Die Fleischbrühe dazugießen und die restlichen Gewürze hineingeben. Topf zudecken und so lange dämpfen, bis das Fleisch weich ist. Dann das Fleisch aus der Sauce nehmen. Die Sauce mit den Gewürzzutaten im Mixer pürieren, abschmecken und über die Ochsenschwanzstücke gießen.

In einer Pfanne die Speckwürfel mit den Zwiebeln andämpfen. Pfifferlinge dazugeben, heiß schwenken, gehackte Petersilie darüberstreuen und alles über den angerichteten Ochsenschwanz geben. Zum Schluß mit Madeira beträufeln.

Beilage: Kartoffelklöße, Spätzle oder Butternudeln.

Getränk: leichter schwäbischer Rotwein.

Lammkeule, gebraten

*8 Scheiben magerer, geräucherter Bauchspeck in Streifen,
1 Lammkeule, gesalzen, ganz, aber ohne Schlußknochen, 8 EL
Zwiebelstreifen, 1 gespickte Zwiebel, Knoblauchpulver, 1/8 l
Rotwein. – Sauce: 4 EL Stärkepuder in 6 EL Rotwein angerührt,
1/4 l Fleischbrühe, 8 EL Sahne, 4 EL Rotwein*

In den vorbereiteten Schlemmertopf (Schlemmertopf vor jedem
Gebrauch wässern, auch Römertopf genannt), 4 Speckscheibenstreifen legen, 4 EL Zwiebelstreifen darüber verteilen. Die gewürzte Lammkeule darauflegen, die restlichen Zwiebeln darüberstreuen und obenauf die restlichen Speckscheibenstreifen
verteilen. Die gespickte Zwiebel dazulegen, Rotwein darübergießen, Schlemmertopf schließen, in die kalte Backröhre
schieben und 250° C einschalten. Bratdauer ca. 3 Stunden.
Weiche Keule aus dem Topf nehmen und warm stellen. Den
Fond in eine Kasserolle sieben und Sauce daraus zubereiten.
Zur Sauce den Fond mit Fleischbrühe auffüllen, einmal aufkochen und mit dem angerührten Stärkepuder binden. Noch
einmal aufkochen, Sahne dazurühren und mit Rotwein abschmecken.
Beilage: Butterbohnen und Petersilienkartoffeln.
Getränk: Rotwein.

Wild und Geflügel

Rebhühner auf Sauerkraut

400 g Sauerkraut, 4 halbe, gebratene Rebhühner, 4 Scheiben magerer Speck, angeröstet, 4 Leberknödel (s. S. 73), 4 halbe Saitenwürste, warm, 4 EL Zwiebelwürfel, in wenig Fett angeröstet

Auf warmer Platte das Sauerkraut möglichst trocken anrichten. Die halben Rebhühner darauflegen, mit Rahmsauce leicht bedecken und je 1 Scheibe des angerösteten Specks darüberlegen. In die Zwischenräume je 1 Leberknödel, bestreut mit angerösteten Zwiebelwürfeln, und als Schmuck die Saitenwürstchen dazulegen.

Beilage: Kartoffelbrei.
Getränk: Rotwein.

Junger Fasan

1 junger Fasan, küchenfertig, 40 g Butter, Salz, Speckscheiben, 3 Wacholderbeeren, zerdrückt, 3 EL Zwiebelviertel, 3 EL Gelbe-Rüben-Scheiben, 1/4 l Fleischbrühe

Fasan innen und außen leicht salzen, mit Speckscheiben umbinden und in heißer Butter anbraten. Dann Zwiebeln, gelbe Rüben und Wacholderbeeren dazugeben. Öfters begießen und dabei wenden. Bratdauer ca. 1 Stunde. Den fertigen Fasan aus der Pfanne nehmen, Bindfäden lösen und warm stellen.

In der Pfanne auf dem Herd die Sauce fertigmachen. Bratensatz etwas weiter rösten, mit Fleischbrühe einkochen und, wenn sie kräftig schmeckt, durch ein Sieb gießen.

Beilage: Spätzle.
Getränk: Ruländer.

Junge Rebhühner und Wildenten genauso zubereiten.

Rehrücken, gebraten

1 Rehrücken, ca. 1000–1500 g, etwas Salz, 40 g weiche Butter oder Margarine, 125 g fetter Speck, in Scheiben, ¹/₄ l heißes Wasser, Suppengrün (gelbe Rübe, Lauch, Sellerie), fein geschnitten, 1 Zwiebel, geviertelt, 1 Lorbeerblatt, 2 Nelken, 2 Wacholderbeeren, zerdrückt, ¹/₄ l saure Sahne 1 EL Stärkepuder, angerührt in 3 EL kalter Milch, Zitronensaft, Weißwein, 1 EL Johannisbeergelee, 40 g Butter

Den Rehrücken waschen, enthäuten, salzen und mit dem Fett bestreichen. Einen Teil der Speckscheiben in eine mit Wasser ausgespülte Rostbratpfanne geben, den Rücken darauf legen und mit den übrigen Speckscheiben belegen. Es ist gut, an den beiden Enden des Rückens je ein Bratspießchen in die Wirbelsäule zu stecken, damit sich beim Braten die Enden nicht nach oben biegen. Die Rostbratpfanne in den Backofen schieben. Sobald der Bratensatz bräunt, etwas von dem heißen Wasser zugießen. Das Fleisch ab und zu mit dem Bratensaft begießen, verdampftes Wasser ersetzen. Nach 20 Minuten Suppengrün, Zwiebel und die Gewürze dazugeben und den Rehrücken noch weitere 20 Minuten braten lassen. Er darf nicht ganz durchgebraten sein, sondern muß beim Anschneiden einen rosa Kern haben.

Wenn das Fleisch gar ist, auf der Kochstelle den Bratensatz mit der Sahne loskochen, evtl. noch etwas Wasser zusetzen, durch ein Sieb gießen, mit dem angerührten Stärkepuder binden, einmal aufkochen und die Sauce mit Salz, Zitronensaft, Wein und Johannisbeergelee abschmecken.

Den Rehrücken von den Knochen lösen, die Stäbchen oder Spießchen herausziehen, das Fleisch in Scheiben schneiden, auf einer vorgewärmten Platte anrichten und die Sauce getrennt servieren.

Beilage: Spätzle, in Butter geschwenkt.
Getränk: Brackenheimer Rotwein.

Rehragout in Rotwein aus Brackenheim

2 kg Rehfleisch mit Knochen, aus Hals oder Schulter, in Würfeln von 6 cm Seitenlänge, 200 g fette Speckstreifen, 4 große Zwiebeln, geschält, in Streifen, 4 EL Öl, 1 Lorbeerblatt, 3 Nelken, 10 Wacholderbeeren, zerdrückt, 2 l Fleischbrühe, 1/2 l Rotwein, in 1/4 l davon 6 Scheiben Pumpernickel, zerbröckelt und darin eingeweicht, Salz, Pfeffer, Paprika, 3 EL Johannisbeergelee

Die Rehfleischwürfel 3 Stunden in reichlich kaltes Wasser legen, das Wasser zweimal erneuern. So wird das Fleisch hell. Auf ein Sieb schütten und abtropfen lassen.

In einer größeren Pfanne das Öl heiß werden lassen. Das Fleisch hineingeben, etwas salzen und in der heißen Backröhre rundherum anbraten. Nach 10 Minuten Speck und Zwiebelwürfel dazugeben, 5 Minuten mitbraten lassen. Die kochende Fleischbrühe und 1/4 l Rotwein darübergießen und die Gewürze dazugeben. Zugedeckt im heißen Ofen kochen, bis das Fleisch weich ist.

Die Pumpernickel in dem Rotwein mit einem Schneebesen zerkleinern und in das kochende Ragout rühren, bis die Sauce leicht gebunden ist. Zum Schluß das Johannisbeergelee daruntermischen.

Beilage: Semmelknödel oder Butternudeln mit in Butter angerösteten Semmelbröseln.
Getränk: Rotwein aus Brackenheim.

Frischlingsrücken

1 Frischlingsrücken, reichlich gespickt, 50 g Fett, 50 g Butter, 300 g kleingehackte Frischlingsknochen, 300 g kleingehackte Schweine- oder Kalbsknochen, 4 EL Zwiebelviertel, 4 EL Gelbe-Rüben-Stücke, Salz, Pfeffer, 5 Wacholderbeeren, zerdrückt

Im heißen Fett den gewürzten Frischlingsrücken anbraten. Nach 20 Minuten die Knochen, Zwiebeln, gelben Rüben und Wacholderbeeren dazuschütten. Den Rücken auf die gleichmäßig verteilte Unterlage legen und mit Butter bestreichen. Weiter braten, bis er fertig ist. Manche mögen ihn innen rosa. Bratdauer etwa 50–60 Minuten.

Den fertigen Frischlingsrücken auf warmer Platte, nochmals mit Butter bestrichen, warm stellen und die Pfanne mit den Knochen auf den Herd stellen. Hier die Knochen noch etwas anbraten, damit die Sauce schön braun wird. Dann $^1/_2$ l Fleischbrühe dazugießen und abschmecken.

Wer Rahmsauce wünscht, rührt 4 EL Stärkepuder mit 6 EL kalter Milch an, bindet die kochende Sauce damit, läßt einmal aufkochen, gibt $^1/_8$ l sauren Rahm dazu und schmeckt mit Zitronensaft oder Weißwein ab.

Beilage: Spätzle.

Getränk: zimmerwarmer Rotwein.

Wildschweinkeule in Rahm

1 kg Wildschweinkeule, gut abgehangen, Salz, Muskatnuß, 100 g Butter oder Margarine, 2 Zwiebeln, 2 gelbe Rüben, $^1/_2$ Sellerieknolle, $^1/_2$ l heißes Wasser oder Fleischbrühe, 1 EL Tomatenmark, $^1/_4$ l saure Sahne, Zitronensaft, Weißwein, 100 g Butter oder Margarine, 2 Zwiebeln, 500 g Pfifferlinge, Pfeffer

Fleisch waschen, enthäuten, salzen und im heißen Fett von allen Seiten gut anbraten. 2 Zwiebeln in Viertel schneiden, gelbe Rüben und Sellerie putzen, in kleine Stücke schneiden und alles zusammen zum Fleisch geben, bräunen lassen und dann etwas von der heißen Brühe aufgießen. Das Fleisch bei schwacher Hitze schmoren lassen, ab und zu mit Bratensatz begießen und verkochtes Wasser ersetzen. 15 Minuten vor Beendigung der Schmorzeit Tomatenmark und Sahne über das Fleisch geben und mit schmoren lassen. Bratdauer etwa 1½ – 2 Stunden.

Wenn das Fleisch gar ist, herausnehmen, auf eine vorgewärmte Platte legen, den Bratensatz durch ein Sieb gießen und so viel von dem durch das Sieb gestrichenen Gemüse hinzufügen, daß die Sauce gebunden ist. Sauce mit Salz, Muskat, Zitronensaft und Weißwein abschmecken.

Fett in einem Topf zerlassen, die in kleine Würfel geschnittenen Zwiebeln darin andünsten, die Pfifferlinge dazugeben, kurze Zeit mitschmoren lassen und würzen.

Fleisch in Scheiben schneiden, mit den Pfifferlingen auf der Platte anrichten, etwas von der Sauce darüber verteilen und mit Zitronenscheiben und Petersilie garnieren.

Beilage: Salzkartoffeln oder Kartoffelklöße.

Getränk: Rotwein vom Remstal.

Junge Täubchen, gefüllt

4 bratfertige junge Täubchen. – Füllung: 4 Brötchen, in Wasser eingeweicht, Leber und Herzen der Täubchen, fein gewiegt, 2 Eier, Salz, Muskat, Pfeffer, 40 g Butter, schaumig gerührt, 10 g Butter, 4 EL Zwiebelwürfel, 1 EL Petersilie, gehackt

In heißer Butter Zwiebelwürfel und Petersilie andämpfen. Die ausgedrückten Brötchen mit schaumiger Butter, Gewürzen,

Eiern, gehackten Taubeninnereien und Zwiebelpetersilie vermischen. Die Täubchen innen salzen und füllen, auch den Kropf. Beide Schlußstellen mit Bindfaden zunähen. Die Täubchen außen salzen und in heißem Fett ringsherum anbraten. Magen der Täubchen, gelbe Rüben und ein Stück Brotrinde dazugeben und in der mittelheißen Backröhre ca. 1 Stunde braten, dabei öfters mit Fleischbrühe begießen. Fertige Täubchen aus der Pfanne nehmen und warm stellen.

Die Pfanne auf den Herd stellen, den Bratensatz mit Fleischbrühe etwas auffüllen, durchkochen und dann durch ein Sieb passieren.

Bei den Täubchen die Fäden herausziehen, anrichten und die Sauce getrennt auf den Tisch bringen.

Beilage: Spätzle (s. Rezept Seite 15) oder Flädle (s. Rezept Seite 41)

Getränk: Trollinger.

Gänsebraten

1 bratfertige junge Gans, gefüllt mit 4 Zwiebeln, geschält und geviertelt, und 4 Äpfeln, geschält, entkernt und geviertelt, und 1 Stengel Beifuß, 1 l Wasser, 1 Lorbeerblatt 2 Nelken, Apfelmus

In eine Pfanne mit kochendem Wasser die Gans mit der Brust nach unten legen und in den heißen Ofen schieben. Das Wasser entzieht der Gans das Fett, ohne daß das Fleisch trocken wird. Nach 2 Stunden drehen und unter fleißigem Begießen rundherum schön knusprig braten. Nach $3^{1}/_{2}$ bis 4 Stunden ist sie fertig. Die Gans herausnehmen und warm stellen.

Die Sauce auf dem Herd einkochen, entfetten und mit Apfelmus binden. Die Gans so zerlegen, daß jeder 1 Stück Brust und

1 Stück Keule bekommt. Die Füllung klein hacken und heiß dazugeben.

Zur Abwechslung gefüllt:

Zutaten (je nach Größe der Gans):
500 g Kartoffeln, roh, klein gewürfelt, 20 g Butter, 6 EL Zwiebelwürfel, 3 EL Petersilie, gehackt, Salz, Pfeffer, Majoran, aber nur eine Spur

Die Kartoffeln in Salzwasser 8 Minuten kochen und abgießen. In Butter Zwiebeln und Petersilie andämpfen, die Kartoffeln dazugeben, mitschwenken und würzen. Diese Füllung in die gesalzene Gans stopfen und diese unten zunähen. Dann die Gans wie angegeben braten.
Beilage: Rotkraut und Kartoffelklöße.
Getränk: Rotwein.

Gute Salate — leckere Eintöpfe — Gemüse, Saucen

Schwäbischer Kartoffelsalat

1500 g Kartoffeln (Salatkartoffeln, die speckig sein müssen, damit sie nicht zerfallen), Salz, 1 Prise Zucker, weißer Pfeffer, 5 EL Zwiebelwürfel, 5 EL Apfelessig, $^1/_8$ l Fleischbrühe, 5 EL Öl

Kartoffeln in der Schale kochen und, wenn sie weich sind, abgießen und mit kaltem Wasser abschrecken, so lassen sie sich leichter schälen. Die warmen Kartoffeln so dünn wie möglich in Scheiben (Rädle) schneiden. Noch warm die Kartoffelscheiben mit Salz, Zucker, Pfeffer würzen und mit Zwiebeln, Essig und der kochenden Fleischbrühe, die hell sein muß, damit der Kartoffelsalat auch hell bleibt, mischen. Nicht mit einem Holzlöffel rühren, sondern die Schüssel schütteln. Zugedeckt etwa 20 Minuten ziehen lassen. Nun saugen sich die Kartoffelscheiben mit der Flüssigkeit voll und werden saftig. Jetzt erst das Öl dazumischen.

Schwäbischer Kartoffelsalat muß sehr saftig sein. Da man zum sonntäglichen Schweinebraten mit Spätzle auch Kartoffelsalat braucht, gießt man vom warmen Spätzlewasser etwas über die Kartoffelscheiben, damit er noch glänzender wird.

Zur Abwechslung kann man unter den Kartoffelsalat Rettich-, frische, geschälte oder ungeschälte Gurken-, Tomaten-, Karotten-, saure Gurken- Senfgurken- oder gekochte Karottenscheiben mischen, auch einige hauchdünne Scheiben von geschälten, entkernten sauren Äpfeln.

Variation:

Kartoffelsalat von geraffelten Kartoffeln:

Man verfährt wie beim üblichen Kartoffelsalat, nur reibt man
die gekochten Kartoffeln auf einer Raffel.
Weitere Zubereitung wie beschrieben.

Salat von Äpfeln

Geschälte, entkernte Äpfel fein würfeln oder in Streifen schneiden, ein wenig zuckern und salzen. Mit Zitronensaft beträufeln
und mit dicker Mayonnaise leicht binden.
Abwechslung: Die Apfelwürfel mit Remouladensauce, Senf-
mayonnaise oder Tomatenketchup-Mayonnaise vermischen.

Gurken- und Rettichsalat

*400 g frische Salatgurke, geschält, in dünnen Scheiben, 400 g
Rettiche, geschält, in dünnen Scheiben, 4 EL Zwiebelwürfel oder
-streifen, Salz, weißer Pfeffer, 1 Prise Zucker, 5 EL Apfelessig,
3 EL Wasser, 6 EL Öl*

Alle Zutaten miteinander mischen und den Salat gekühlt auf
den Tisch bringen.
Man kann Schnittlauch, fein geschnitten, oder Dillspitzen darüberstreuen.

Sonnenrädlesalat

400 g Feldsalat, Ackersalat, Hasenöhrle, verlesen, kalt gewaschen, abgetropft, 5 EL feine Zwiebelwürfel, Salz, weißer Pfeffer, 1 Prise Zucker, 6 EL Apfelessig, 4 EL Wasser, 6 EL Öl

Salatsauce mischen, Zwiebeln dazugeben und die Sonnenrädle daruntermengen. Sofort auf den Tisch bringen.

Salat von Rotkohl

500 g Rotkohl, fein geschnitten, 500 g Äpfel, ungeschält, entkernt, geraspelt, Salz, Pfeffer, 4 EL Zitronensaft, frisch gepreßt, 3 EL Zwiebelwürfel, 12 EL Öl

Den Rotkohl fein schneiden, mit den Apfelraspeln mischen, mit Salz, Pfeffer und Zitronensaft würzen, mit den Zwiebelwürfeln vermengen und das Öl dazugeben.

Gemüsetopf
(Zutaten für 8 Personen)

250 g Hammelfleisch, aus der Schulter, 250 g Schweinefleisch, aus der Schulter, 250 g Kalbfleisch, aus der Schulter, 250 g Rindfleisch, aus der Brust (alle Fleischsorten ohne Knochen und in Mund- oder Gulaschgröße geschnitten), 250 g Sellerieknolle, in dünnen Scheiben, 250 g Zwiebelscheiben, 250 g Karotten, in dünnen Scheiben, 250 g Kartoffeln, geschält, in mundgroßen Würfeln, 500 g Wirsingkohl, geputzt, in fingerdicken Streifen, $^1/_2$ l kräftige Fleischbrühe, 200 g Ochsenmark, in Scheiben (vorher gewässert, damit es weiß wird; beim Schneiden das Messer in heißes Wasser tauchen), Salz, Muskatnuß, weißer Pfeffer, 3 EL frischgehackte Petersilie

In einen kräftigen Topf legt man auf den Boden die Markscheiben und läßt sie langsam zergehen. Dann packt man lagenweise das gewürzte und mit Petersilie gemischte Gemüse und das Fleisch hinein, gießt die heiße Fleischbrühe darüber, legt den Deckel auf und läßt das Gericht in der heißen Backröhre bei 200° C ca. 40–50 Minuten dünsten.

Gärtners Eintopf

4 EL Öl, 200 g Zwiebelstreifen, 200 g grobgehacktes Rind- und Schweinefleisch, Salz, Pfeffer, Rosmarin, 800 g rohe Kartoffelscheiben, 100 g grüne Paprikaschotenstreifen, 4 große saure Gurken, in Scheiben, 1 EL Dill, gehackt, 1/4 l Fleischbrühe, 1/4 l saure Sahne

Im heißen Öl einen Teil der Zwiebelstreifen andünsten. Das Fleisch mit Salz, Pfeffer und Rosmarin würzen und zu den Zwiebeln geben. Darauf Kartoffelscheiben, Paprikaschotenstreifen, die restlichen Zwiebeln, Gewürze und saure Gurkenscheiben. Als Abschluß eine Schicht Kartoffeln. Die kochende Fleischbrühe und die saure Sahne darübergießen. Den Topf zudecken und in die heiße Backröhre schieben. Nach einer Stunde ist das Gericht fertig. Es kommt im Topf auf den Tisch.
Beilage: grüner Salat und Tomatensalat.

Linsen, schwäbisch

250 g Linsen, über Nacht in kaltem Wasser eingeweicht, 1 l Fleischbrühe (kann auch aus Würfeln sein), 1 gespickte Zwiebel (an eine geschälte Zwiebel mit 2 Nelken 1 Lorbeerblatt anheften), 100 g magere Speckwürfel, 8 EL Zwiebelwürfel, 4 EL Mehl, Salz, Suppenwürze

Die eingeweichten Linsen abgießen und in der Fleischbrühe mit der gespickten Zwiebel weich kochen. Speck und Zwiebeln anbraten und das Mehl dazugeben. Etwas anrösten, bis es leicht bräunt. Dann alles in die Linsen rühren und noch einmal aufkochen. Würzen mit Salz und etwas Suppenwürze. Apfelessig auf den Tisch stellen, damit sich jeder selbst nach Wunsch bedienen kann.
Beilage: in Butter heiß geschwenkte Spätzle und heiße Saitenwürstchen, in Scheiben geschnitten.

Niedernauer Kartoffeln

50 g Butter, 6 EL Zwiebelwürfel, 2 EL Petersilie, gehackt, 1000 g Kartoffelwürfel, gekocht, kalt, ⅛ l Sahne, süß oder sauer, vermischt mit 3 Eigelb, Salz, Muskat, weißer Pfeffer, 2 EL Schnittlauch, fein geschnitten

In der zerlassenen Butter Zwiebeln und Petersilie kurz andünsten. Kartoffelwürfel dazugeben und etwa 5 Minuten mitdünsten, bis alle heiß geworden sind. Würzen, die Eiersahne darübergießen und umrühren, bis sie sich mit den Kartoffeln vermischt hat. Jetzt nicht mehr kochen, weil sonst das Eigelb gerinnen würde. Mit Schnittlauch bestreuen.

Gaisburger Marsch

400 g gekochtes Rindfleisch, in mundgroßen Würfeln, 1½ l kräftige Fleischbrühe, 400 g rohe Kartoffeln, geschält, in leicht gesalzenem Wasser gekocht (nicht zu weich, sie müssen zusammenhalten, also nicht mehlig sein), 400 g Spätzle (s. Rezept S. 15), Salz, Muskat, 8 EL Zwiebelwürfel, 50 g Butter oder Schweineschmalz, 2 EL Schnittlauch, feingeschnitten

In der gewürzten Brühe kocht man einmal zusammen auf: Rindfleischwürfel, Spätzle und Kartoffeln und gibt etwas von dem Kartoffelwasser dazu. In heißer Butter röstet man die Zwiebelwürfel goldgelb an und schüttet sie auf die fertige Suppe. Schnittlauch darüberstreuen. Man kann auch angeröstete Weißbrotwürfel über die Suppe streuen.

Gelbe Erbsensuppe

3 EL Speckwürfel, 6 EL Zwiebelwürfel, 1 Karotte, in Scheiben, 1 Stange Lauch, in Streifen, ¹/₂ Sellerieknolle, in Scheiben, 300 g rohe Kartoffelscheiben, 300 g gelbe, geschälte Erbsen, über Nacht eingeweicht, 500 g Schweinerüssel, 300 g Schweineschwänze, gepökelt, in kleinen Stücken, 3 l kochendes Wasser, ¹/₂ TL Thymian, ¹/₂ TL Majoran, Salz

Speck und Zwiebeln 2 Minuten andünsten. Karotten, Lauch, Sellerie und Kartoffeln dazugeben und 2 Minuten mitdünsten. Jetzt Erbsen und Fleisch hinzufügen und mit kochendem Wasser auffüllen. Zugedeckt in die heiße Röhre schieben. Wenn Fleisch und Erbsen weich sind, ist die Suppe fertig. Thymian und Majoran darunterrühren.
Beilage: Vollkornbrotscheiben.

Filderkraut-Eintopf

1¹/₂ kg Weißkraut, Rippen herausgeschnitten, Kraut in fingerdicke Streifen geschnitten, 300 g rohe Kartoffelscheiben, 50 g Fett, 500 g Schweinefleisch, aus dem Hals, klein gewürfelt, 500 g Rindfleisch, aus dem Hals, klein gewürfelt, 200 g Zwiebelstreifen, 50 g dünne, magere Speckscheiben, Salz, Pfeffer, ¹/₈ l süßer Rahm, Petersilie

Weißkrautstreifen in Wasser mit etwas Salz 10 Minuten kochen. Kartoffelscheiben in Wasser mit wenig Salz 10 Minuten kochen.

In heißem Fett das gewürzte Fleisch mit den Zwiebelstreifen anbraten und mit 1/4 l Wasser 20 Minuten sacht kochen.

Eine dicht schließende Pfanne mit Speckscheiben auslegen und Kraut, Fleisch und Kartoffeln lagenweise einfüllen. Kraut soll den Abschluß bilden. Rahm darübergießen, etwas salzen, den Deckel aufsetzen und am besten in der heißen Backröhre bei 220° C ca. 2 Stunden dämpfen. Auf das fertige Gericht frischgehackte Petersilie streuen.

Kraut von den Fildern

50 g Schweineschmalz, 50 g magere Speckwürfel, 8 EL Zwiebelstreifen, 1000 g Filderkraut, in Streifen geschnitten, 1/8 l Apfelessig, Salz, Kümmel, weißer Pfeffer, 1/4 l Fleischbrühe

Im Schweineschmalz den Speck und die Zwiebeln anbraten, die Krautstreifen dazugeben, umrühren, würzen und mit Apfelessig und Fleischbrühe bedecken. Langsam zugedeckt schmoren lassen, bis das Kraut weich ist.

Ein Schuß Apfelmost gibt dem Kraut eine pikante Note.

Beilage zu Schweine-, Rinderbraten und Fleischküchle.

Frischer Schwetzinger Spargel
(für eine Person)

500 g frischer, daumendicker Spargel, sorgfältig geschält, Wasser, etwas Salz, 1 Prise Zucker

Spargel, möglichst frisch gestochen, sofort schälen und zu 500 g
bündeln, mit Bindfaden zusammenbinden. Gewürztes Wasser
sacht kochen und Spargel hineinlegen; das Wasser darf nicht
stark kochen. Kochdauer – je nach Dicke des Spargels – ca.
15 Minuten. Der Spargel muß noch beißbar sein, darf also nicht
schlaff gekocht werden. Abgetropft sofort auf warmer Platte
anrichten und zerlassene Butter, auf Stövchen warm gestellt,
und Flädle als Beilage reichen.

Schwäbisches Sauerkraut

*50 g Schweineschmalz, 8 EL Zwiebelstreifen, 2 Äpfel, geschält,
entkernt, in Scheiben, 250 g Schweinebauch, ungeräuchert oder
gepökelt, 500 g Fildersauerkraut, Salz, Zucker, 5 Wacholderbeeren, 1 gespickte Zwiebel (an eine geschälte Zwiebel mit
2 Nelken ein Lorbeerblatt anheften), ¹/₂ l kochendes Wasser,
Schuß Weißwein*

Im heißen Schweineschmalz die Zwiebeln und Äpfel hell anbraten. Sauerkraut, locker gezupft, daraufgeben, würzen und
mit der Bratengabel umrühren. Kochendes Wasser darübergießen, damit das Kraut hell bleibt. Schweinefleisch dazulegen
und zugedeckt langsam kochen, bis es weich ist, es muß aber
beißbar bleiben. Abschließend einen Schluck Weißwein dazugießen.
Zur Abwechslung kann man ins Kraut entkernte Weintrauben,
Ananasstückchen, Aprikosen- oder Pfirsichwürfel rühren.

Pfifferlinge, frisch

*500 g frische Pfifferlinge, 20 g Butter, 4 EL Zwiebelwürfel, 4 EL
frische Petersilie, fein gewiegt, Salz, weißer Pfeffer*

Die geputzten Pilze kalt waschen, wenn nötig mehrfach, damit
keine Tannennadeln mehr dazwischen sind, größere Pilze zerschneiden und auf einem Durchschlag abtropfen lassen.
In heißer Butter die Zwiebeln andämpfen, Pfifferlinge dazugeben, wenig salzen und zugedeckt sacht dünsten. Nach etwa
10 Minuten sind sie fertig. Dann pfeffern und mit frischer
Petersilie bestreuen.

Saure Kartoffelrädle

*50 g Butter oder Schmalz, 8 EL Zwiebelwürfel, 4 EL Mehl,
5 EL Apfelessig, 2 EL Senf, 1/2 l Fleischbrühe, 1000 g Kartoffelscheiben (= Rädle), gekocht, kalt, Salz, Suppenwürze*

In der heißen Butter die Zwiebelwürfel andünsten, mit Mehl
bestäuben und etwas bräunen. Mit Apfelessig ablöschen und
mit Senf verrühren. Fleischbrühe auffüllen und einmal aufkochen. Die Kartoffelrädle dazuschütten, umrühren und noch
einmal aufkochen.
Als Beilage zu Siedfleisch (gekochtes Rindfleisch).

Hohenloher Meerrettichsauce

*20 g Butter, 3 EL Mehl, 1/8 l Fleischbrühe, 1/8 l Milch, 6 EL ge-
riebener Meerrettich, 2 Eier, aufgeschlagen und gut verrührt,
Suppenwürze, Zitronensaft, Zucker*

In die zerlassene Butter das Mehl streuen, einmal durchdünsten, dann langsam die kochende Milch und die kochende
Fleischbrühe auffüllen, so daß es keine Klümpchen gibt. Einmal
aufkochen, Meerrettich dazugeben und die Sauce ins warme

Wasserbad stellen. Die aufgeschlagenen Eier darunterziehen. Nach 5 Minuten ist die Sauce servierbereit. Mit etwas gekörnter Suppenwürze, Zitronensaft und Zucker abschmecken.

Die echte Sauce Hollandaise

3 Eigelb, 2 EL Wasser, Salz, Pfeffer, 250 g Butter, ¹/₂ TL Zitronensaft

Die Eigelb werden mit dem Wasser, einer Prise Salz und Pfeffer mit einem Schneebesen in einem kleinen Topf verrührt und der Inhalt des Topfes im heißen Wasserbad leicht geschlagen, bis die Masse anfängt, dick zu werden. Die Butter wird zerlassen; sie darf nicht zu heiß werden. In die dicke Eiersauce wird nun die flüssige Butter behutsam eingerührt. Mit Zitronensaft würzen.
Wer ganz sichergehen will, der gibt zum Eigelb und Wasser ¹/₂ TL Stärkepuder.
Die Sauce darf nie kochen; sie wird im heißen Wasserbad warm gestellt.
Diese Sauce ist in vielen Variationen abzuwandeln, z. B. zur

Sauce Béarnaise

1 TL feingehackte Petersilie, ¹/₂ TL Fleischextrakt, 1 Spritzer Estragonessig, 1 Spritzer Lacroix Herbadox

In die fertige Hollandaise werden die aufgezählten Zutaten gemengt.

»Veschperle«
zu Most Bier und Wein

Garnierte rote Würscht

4 Paar Rote (dicke Brühwürste, ähnlich wie Knackwürstchen), 8 Scheiben magerer Speck, 8 Tomaten

Die roten Würstchen mit den Speckscheiben umwickeln und diese mit Holzstäbchen feststecken. Auf die Würstchen je zwei ausgehöhlte Tomatenhälften, in die ein Loch eingeschnitten wurde, so stecken, daß die Würstchen den Boden des Backblechs nicht berühren. So werden sie auf dem Backblech in der Backröhre erhitzt.
Beilage: Apfelweinkraut und Kartoffelbrei.

Landjäger

Das sind die geräucherten, getrockneten Schweinswürstchen, auch »Peitschenstecken« und in Unteruhlbach, dem Weinort in der Nähe von Stuttgart, auch »Unteruhlbacher« genannt. Man ißt sie meistens kalt; der Bauer nimmt sie mit aufs Feld und der Winzer in den Weinberg (Wingert).

Saitenwürstle

Sie sind ähnlich wie die Wienerle, und man ißt sie heiß am liebsten.

Schützenwürscht

Es sind dicke Brühwürste, ähnlich wie Knackwürste, und man ißt sie heiß mit Senf.
Sie heißen so nach dem berühmten deutschen Schützenfest im Jahre 1875 in Stuttgart.

Bauraseufzer (Peitschastecka)

Sie gehören zu den geräucherten Bratwürsten, und man ißt sie kalt und warm. Man legt sie in heißes Wasser und läßt sie 10 Minuten ziehen.
Der Name kommt wohl daher, weil sie so lang sind wie die herzzerreißenden Seufzer der Bauern über das schlechte Wetter.

Schwäbische Bratwürste

Sie sind immer paarweise, fein gefüllt und etwas fester gehalten als die Münchner Weißwürste. Man ißt sie knusprig angebraten mit brauner Kalbsbratensauce.

Jagdwurstsalat

100 g Jagdwurst, ohne Haut, 1 Apfel, ungeschält, geraspelt, Salz, Senf, 1 EL feine Zwiebelwürfel 2 EL Mayonnaise

Die Wurst in feine Streifen schneiden, mit den Apfelraspeln mischen, würzen und mit der Mayonnaise binden. Auf Salatblättern anrichten und mit Eischeiben schmücken.

Salat von Speckwurst (Griebewurscht)

600 g harte schwarze Wurst, mit der Haut in dünne Scheiben geschnitten, Salz, weißer Pfeffer, 1 Prise Zucker, 6 EL Zwiebelwürfel, 5 EL Apfelessig, 4 EL Wasser, 5 EL Öl

Alle Zutaten mischen und den Salat in einer Schüssel, ausgelegt mit Kopfsalatblättern, anrichten.

Schinkenwurstsalat

400 g Schinkenwurst, ohne Haut, dünn in Scheiben geschnitten, 6 EL dünne Zwiebelringe, 2 EL Senfkörner, Essig, Öl, 300 g Tomatenscheiben, dünn geschnitten, Salz, weißer Pfeffer

Alle Zutaten mit den Gewürzen mischen. Auf mittelgroßen Tellern anrichten und frisch geschnittenen Schnittlauch darüberstreuen.

Wurstsalätle mit Käs

200 g Schwartenmagen, in Streifen geschnitten, 200 g Emmentaler, in Streifen geschnitten, Salz, weißer Pfeffer, 1 Prise Zucker, 8 EL Essig, 3 EL Öl, 4 EL Zwiebelringe

Alles miteinander mischen und zugedeckt mindestens eine Stunde ziehen lassen. Angerichtet die Zwiebelringe darauf verteilen.

Hausgemetzgerte Wurstplatte

4 Leberwürstchen, 4 Blutwürstchen, 4 Scheiben Schwartenmagen à 50 g, Landbrotscheiben, Senf, geriebener Meerrettich, Salatblätter

Auf einer größeren Holzplatte die Würste anrichten und mit Salatblättern garnieren.
In zwei kleinen Schalen den Senf und den Meerrettich und in passendem Brotkorb oder ebenfalls auf Holzteller die Landbrotscheiben reichen.

Rindertatar
(für eine Person)

150–200 g frisch durchgedrehtes, mageres, sehnenfreies Rindfleisch, 1 EL Zwiebelwürfel, 1 EL Kapern, 1 TL gehackte Sardellenfilets, 1 EL saure Gurkenwürfel, 2 frische Eigelb

Das durchgedrehte Rindfleisch mit Zwiebelwürfeln, Kapern, Sardellenfilets, Gurkenwürfeln und einem frischen Eigelb vermischen. Zu einem Laib formen, in die Mitte nochmals ein Eigelb setzen. Mit Salatblättern und Tomatenecken garnieren.

Kasseler Ripple

4 Scheiben Kasseler, Fettschicht abgeschnitten, 400 g Mayonnaisensalat, 12 Apfelscheiben, geschält, entkernt, 4 EL geschabter Meerrettich, Salatblätter, rohe Paprikascheiben

Auf eine größere Platte den Mayonnaisesalat häufeln, den geschabten Meerrettich darüberstreuen, die Apfelscheiben darauf verteilen und darüber die Kasselerstreifen legen. Die Platte mit Salatblättern und Paprikascheiben schmücken.

Tellersulz, wie in der »Linde« zu Stetten

Man kocht Schweins- und Kalbsfüßchen mit Zungen und Schnäuzchen und mit Suppengrün (gelbe Rüben, Sellerie, Lauch, Zwiebeln und Lorbeerblatt) langsam weich. Dann zieht man die Zungen ab, schneidet sie mit den anderen Fleischteilen in mundgerechte Stücke, legt sie in Suppenteller, garniert mit harten Eischeiben, Gelbe-Rüben- und Saure-Gurken-Scheiben

und gießt Aspik darüber. Dann stellt man die gefüllten Suppenteller kalt und reicht den gelierten Inhalt mit feingewürfelten Zwiebeln, Essig und Öl und mit knusprigen Bratkartoffeln zur Vesper.

Aspik:
Die eingekochte Brühe entfettet man, schmeckt sie ab mit Essig, Salz und etwas Suppenwürze. Dann macht man mit einem Eßlöffel voll auf einer Untertasse die Gelierprobe im Kühlschrank. Wird sie fest genug, kann man die mit Fleisch ausgelegten Suppenteller voll gießen. Geliert es noch zu wenig, dann kocht man die Brühe noch länger ein.
Zu den oben erwähnten Zutaten kann man außerdem noch Scheiben von Schinkenwurst, magerem gekochtem Schinken und andere Fleischreste zur Tellersulz verwenden.

Jägersalat

250 g Wildfleisch, gekocht oder gebraten, 150 g Senfgurken, 200 g Essigpflaumen, Salz, Ingwerpulver. – Mayonnaise: 1 Eigelb, 1–2 TL Senf, Salz, 1 TL Zucker, 1 EL Essig oder Zitronensaft, 1/8 l Salatöl

Das kalte Fleisch, die Gurken und die entsteinten Pflaumen in Streifen schneiden, mit Salz und Ingwerpulver bestreuen. Für die Mayonnaise Eigelb, Senf, Salz, Zucker und Essig oder Zitronensaft in eine Rührschüssel geben und mit dem Schneebesen so lange schlagen, bis eine dicke Masse entstanden ist. Das Öl darunterschlagen; es ist nicht notwendig, das Öl tropfenweise zuzugeben, es wird in Mengen von 1–2 Eßlöffeln zugegeben. Die an das Eigelb gegebenen Gewürze verhindern eine Gerinnung.

Die geschnittenen Zutaten mit der Mayonnaise binden und mit Tomatenecken und Petersiliensträußchen schmücken.
Beilage: Toast und Butter.

Salätle vom Schwartemagen

600 g Schwartenmagen, rosa (von gepökeltem Fleisch), ohne Haut in dünne Scheiben und dann in fingerbreite Streifen geschnitten, 100 g Zwiebelscheiben, 100 g Saure-Gurken-Scheiben, Salz, weißer Pfeffer, 1 Prise Zucker, 6 EL Kräuteressig, 8 EL Öl, Salatblätter, Tomatenscheiben, 1 EL gehackte Petersilie, Brotkorb mit Brötchen und verschiedenen Brotsorten, 70 g Butter

Wurststreifen in einer Schüssel mischen mit den Zwiebel- und Gurkenscheiben, würzen und Essig und Öl dazugeben.
Auf eine runde Platte Salatblätter verteilen, das Wurstgemisch hügelig anrichten, mit Tomatenscheiben umlegen und mit Petersilie bestreuen.

Deftiger Rindfleischsalat

500 g kaltes, gekochtes, mageres Rindfleisch, 2 saure Gurken, 2 Senfgurken, 3 Äpfel, geschält, entkernt, 2 mittlere Zwiebeln, geschält, 3 rote Rüben, gekocht, kalt, 4 große gekochte, kalte, geschälte Kartoffeln, 3 EL Kapern, 8 Sardellenfilets, in feinen Streifen, 2 Tomaten, 4 harte Eier, kalt, in Scheiben geschnitten. – Salatsauce: 3 EL Senf, Zucker, Salz, 4 EL Öl, 8 EL Essig, 3 EL geriebener Meerrettich, 5 EL saure Sahne

Zuerst in einer Schüssel die Sauce mischen.
Dann Fleisch, Gurken, Äpfel, Zwiebeln, rote Rüben und Kar-

toffeln in feine Würfel schneiden, in die Sauce geben, Kapern dazuschütten, dann die Sardellenfilets dazugeben und alles miteinander vermengen.

Eine größere Schüssel mit grünen Salatblättern auslegen, den Rindfleischsalat hineintürmen, mit Scheiben von harten Eiern und Tomatenecken schmücken.

Gervais, angemacht

Pro Karree 20 g Butter, 3 EL feine Zwiebelwürfel, Salz, weißer Pfeffer, Kümmel, Schnittlauch

Man mischt den Gervais mit Salz und Butter und streut sich dann je nach persönlichem Geschmack weißen Pfeffer, Kümmel, Zwiebeln oder Schnittlauch darüber.

Heringe »Hausfrauenart«

8 Heringsfilets, gewässert, trocken getupft, $^1/_4$ l saure Sahne, 6 EL Zwiebelstreifen, 6 EL Saure-Gurken-Streifen, 6 EL Apfelstreifen, geschält, entkernt, 1 Prise Zucker, 1 EL Senf

In die Sahne alle Zutaten, außer den Heringen, mischen und lagenweise über die Heringe decken. Morgens zubereiten, abends auftragen.

Beilage: Pellkartoffeln.

Getränk: frisches Bier und klarer Schnaps.

Rezenter Heringssalat (Zutaten für 4–6 Personen)

500 g Heringswürfel, enthäutet, entgrätet, 200 g Kartoffel-
würfel, gekocht, kalt, 100 g Saure-Gurken-Würfel, 100 g Apfel-
würfel, ohne Schale und Kerne, 50 g feine Zwiebelwürfel, 1/8 l
saure Sahne, vermischt mit 100 g Mayonnaise, Zucker, Essig

Herings-, Kartoffel-, Gurken-, Apfel- und Zwiebelwürfel
würzen und in dem Sahne-Mayonnaise-Gemisch binden. Etwas
durchziehen lassen.

Bratheringe, selbst eingelegt

1 kg Heringe, gesäubert, Salz, Zitronensaft, Mehl, 2 Eier,
Semmelmehl, Fett zum Backen. – Sud: 6 EL Zwiebelscheiben,
1 TL Zucker, Salz, 15 Pfefferkörner, 3 Nelken, 1 Lorbeerblatt,
Dill, 1/4 l Weißwein, 1/4 l Kräuteressig (wenn der Essig zu scharf
ist, etwas Wasser dazu nehmen)

Die grünen Heringe säubern und den Kopf abschneiden. Dann
salzen, mit Zitronensaft beträufeln, in Mehl wenden, in aufgeschlagenem Ei wälzen, in feinem Semmelmehl panieren und die
Panade festklopfen. In heißem Fett goldknusprig braten, ca.
4 Minuten jede Seite. Aus dem Fett nehmen und abtropfen lassen.
Ausgekühlt in einen Tontopf legen, kalt übergießen mit dem
Bratheringssud, der einmal aufgekocht und dann kalt gestellt
wurde. Die Heringe müssen unter dem Saft liegen. Drei Tage
durchziehen lassen.

Zu den Abbildungen:
5. Spätzle, mit Butter geschmälzt (Viele Spätzlerezepte ab Seite 15)
6. Rindertatar (Seite 112)
7. Heringe »Hausfrauenart« (Seite 115)
8. Apfelstrudel (Seite 128)

Marmeladen, Gsälz, Eingelegtes, Süßspeisen

Apfelgelee

1 kg Äpfel (Reinetten), auf ³/₈ l Saft 500 g Zucker rechnen

Äpfel schälen, entkernen und vierteln. Schalen mit den Apfel-
stücken mit kaltem Wasser bedecken und sacht kochen. Sind die
Äpfel weich, alles auf ein Tuch schütten, das über umgedrehten
Schemelbeinen festgebunden ist. Saft ablaufen lassen, ohne zu
rühren oder zu drücken. Dann den Saft abmessen, Zucker dazugeben und sacht kochen lassen, bis zur Gelierprobe. (Auf eine
Untertasse einige Tropfen Gelee geben und kalt stellen.)
Heißes Apfelgelee in vorbereitete Gläser füllen und wie üblich
verschließen.

Pflaumen, süß-sauer

*1,5 kg Plaumen, gesunde Früchte, ¹/₄ l Kräuteressig, ¹/₈ l Was-
ser (besser Rot- oder Weißwein), 750 g Zucker, 1 Stück Zimt,
3 Nelken, ¹/₂ Lorbeerblatt*

Die Früchte trockenreiben und bis zum Kern aufschneiden.
Zuckeressig bereiten: Kräuteressig mit Wasser oder Wein,
Zucker und den Gewürzen einmal aufkochen. Die Pflaumen
hineingeben, einmal aufwallen lassen. Mit einer Schaumkelle
die Pflaumen herausnehmen und in einen Steinguttopf füllen.
Den Zuckeressig noch etwas eindicken und über die Pflaumen
gießen. Wer ganz sichergehen möchte, mische noch ¹/₂ Päckchen »Einmachhilfe« darunter. Über die erkalteten Pflaumen
Cellophanpapier decken, das vorher in Branntwein oder
Zwetschgenschnaps getaucht wurde. Gläser oder Töpfe zubinden.

Rhabarbergsälz

*1500 g Rhabarber, 2000 g Zucker, 4 EL frischer Zitronensaft,
1 Normalflasche Geliermittel*

Rhabarber kalt waschen, ungeschält in 2 cm lange Stücke
schneiden und zuerst mit 250 g Zucker sacht zu Mus kochen.
Dann den restlichen Zucker zufügen, kochen und dabei mit
einem Holzlöffel rühren. Sprudelnd weitere 10 Sekunden kochen. Geliermittel und Zitronensaft hineinrühren und nochmals
5 Sekunden sprudelnd kochen. In angewärmte Gläser füllen.
Auf die erkaltete Marmelade ein rundes Zellglasblatt legen, das
vorher in 54%igen Rum getaucht wurde. Glas mit Zellglaspapier zubinden und Etikett mit Datum aufkleben.

Tomatengsälz

*2 kg reife Tomaten, Saft von 2 Zitronen, 1 Päckchen Gelier-
mittel, 800 g Zucker*

Tomaten waschen, entstielen und zerschneiden. Ohne Wasser
auf kleiner Flamme kochen und durch ein Sieb passieren. 1 kg
Mark abwiegen, mit den Zitronensäften in einen größeren
Topf geben und Geliermittel untermischen. Dann kochen und
umrühren, Zucker zugeben, noch 1/2 Minute sprudeln lassen
und heiß in Gläser füllen. Mit Zellglaspapier zubinden wie
Rhabarbergsälz.

Erdbeergsälz

1500 g Erdbeeren, rasch kalt gewaschen, abgezupft, 1875 g Zucker, 5 g kristallisierte Zitronensäure (aus Drogerie oder Apotheke), 1 Normalflasche Geliermittel

Die Früchte zu Mus zerdrücken und im großen, nur halb gefüllten Topf mit Zucker und Zitronensäure kochen. Mit einem Holzlöffel rühren. Sprudelnd 10 Sekunden kochen, Geliermittel zufügen und weitere 5 Sekunden sprudelnd kochen. Heiß in Gläser füllen und verschließen wie Rhabarbergsälz.

Rhabarber-Erdbeer-Gsälz

750 g Rhabarbermus (wie zu Rhabarbergsälz), 750 g Erdbeermus (wie zu Erdbeergsälz), 2000 g Zucker, 5 g kristallisierte Zitronensäure, 1 Normalflasche Geliermittel

Fruchtmus zusammen mit Zucker und Zitronensäure kochen. Mit einem Holzlöffel dabei umrühren. 10 Sekunden sprudelnd kochen, dann Geliermittel zufügen und weitere 5 Sekunden kochen. In Gläser füllen wie Rhabarbergsälz.

Äpfelgsälz

5 kg Äpfel, geschält, entkernt, klein geschnitten, 2 kg Zucker, 1 abgeriebene Zitronenschale, 2 Stück Zimt, 4 Nelken

Die Apfelstücke mit dem Zucker vermischen, die Gewürze beifügen und zugedeckt 2 Tage kühl stellen. Ab und zu umrühren. Dann alles zu einem steifen Mus kochen, heiß in Gläser füllen und sorgfältig mit Zellglaspapier verschließen wie Rhabarbergsälz.

Johannisbeergsälz, schwarz, weiß, rot

2125 g Johannis- oder Träubelesbeeren, kalt gewaschen, abge-zupft, 2500 g Zucker, 1 Normalflasche Geliermittel

Beeren mit Zucker kochen, dabei mit einem Holzlöffel rühren. 10 Sekunden sprudelnd kochen, Geliermittel zufügen und weitere 5 Sekunden kochen. In Gläser füllen und wie Rhabar-bergsälz zubinden.

Himbeergsälz

1 kg Himbeeren, 1 kg feiner Zucker, 2 Zitronensäfte, 1 Normal-flasche Geliermittel

Himbeeren verlesen und zerdrücken. Fruchtbrei mit Zitronen-saft und Zucker vermischen. Vom sprudelnden Kochen an 10 Sekunden wallend kochen. Noch heiß in Gläser füllen und mit Zellglaspapier verschließen.

Stachelbeergsälz

1 kg Stachelbeeren, gewaschen, abgezupft, 500 g feiner Zucker

Beeren durch den Wolf drehen. Das Fruchtmark weich kochen. (Vorsicht, Stachelbeeren brennen leicht an!) Den Zucker zu-geben und das Gsälz kochen bis zur Gelierprobe. Heiß in Gläser füllen und mit Einmachhaut, die in Schnaps getaucht wurde, bedecken. Luftdicht verschließen.

Gurken in Zuckeressig
Für 3 Gläser à 1 l:

2 kg Gurken, ¹/₂ l Essig, 750 g Zucker, 1 Stück Stangenzimt, 20 Pfefferkörner

Gurken waschen, schälen, entkernen und in fingerdicke Streifen oder Würfel schneiden. Essig mit Zucker und Gewürzen aufkochen. Gurken darin 15 Minuten sacht kochen, bis sie glasig sind. Die Gurken in vorbereitete Gläser füllen und Zuckeressig heiß darübergießen. 3 Tage später die Flüssigkeit abgießen, 3 Minuten aufkochen und wieder über die Gurken gießen. Gläser mit Cellophanpapier verschließen und kühl aufbewahren.

Kürbis süß-sauer
Für 4 Gläser mit je 1 l Inhalt:

2 kg geschälte, entkernte Kürbiswürfel, 1 l Weinessig, ¹/₄ l Wasser, 625 g Zucker, 8 Nelken, 1 Stück Stangenzimt, 2 EL Senfkörner

Die Kürbiswürfel in die vorbereiteten Gläser füllen. Essig, Wasser, Zucker und Gewürze aufkochen und über die Kürbiswürfel gießen. Gläser verschließen und bei 98° C ca. 35 Minuten im Backofen oder im Einwecktopf einkochen.

Birnen in Zucker und Essig
Für 3 Gläser à 1 l Inhalt:

2,5 kg Williams-Christ-Birnen, leichtes Essigwasser, 5 Nelken, ¹/₂ Stange Zimt, 1 Zitronenspirale, unbehandelt, 1 l Wein- oder Apfelessig, ¹/₄ l Wasser, 1 kg Zucker

Birnen waschen, schälen, der Länge nach halbieren, entkernen und in Essigwasser legen, damit sie weiß bleiben. Essig, Zucker und Wasser mit den Gewürzen kochen, Birnen hineinlegen und sacht weich kochen, so daß sie noch einen Biß behalten. Birnen in vorbereitete Gläser oder Tontöpfe legen, Zuckeressig etwas einkochen lassen und heiß über die Birnen gießen. Drei Tage später Zuckeressig abgießen, aufkochen, 3 Minuten lang, und wieder heiß über die Birnen gießen. Gläser mit Cellophanpapier verschließen und kühl aufbewahren.

Apfelstrudel
(Zutaten für 12 Portionen)

350 g bestes Weizenmehl, 1 Ei, 1 Prise Salz, 1 EL Öl, ¹/₄ l lauwarmes Wasser, 4 EL Mehl zum Bearbeiten, Öl zum Bestreichen. – Füllung: 100 g Butter, zerlassen, lauwarm, 150 g Semmelbrösel, in etwas Butter leicht angeröstet, 2 kg Äpfel, geschält, entkernt, in feinen Streifen, 60 g Rosinen, 1 Prise gemahlener Zimt, 1 Prise Nelken, 150 g Zucker, Saft einer halben Zitrone, 1 EL Rum, ¹/₈ l steife Schlagsahne ohne Zucker, Staubzucker zum Bestreuen, 100 g zerlassene Butter zum Beträufeln

Das gesiebte Mehl auf dem Backbrett zu einem Kranz formen und in die Mitte Salz, Ei, Öl und Wasser geben. Von innen her die Feuchtigkeit mit dem Mehl zusammenwirken, den Teig dann so bearbeiten, daß er sich vom Brett und den Händen löst. Aus dem Teig eine Kugel formen, auf eine mit Mehl bestreute Stelle des Brettes legen, damit der Teig keinen Riß bekommt. 20 Minuten ruhen lassen. Einen Tisch mit einem Tuch bedecken, das Tuch mit Mehl bestäuben, den Teig in die Mitte

legen, dann mit einem Wellholz leicht ausrollen. Die Oberfläche
mit Öl bestreichen und den Teig mit bemehltem Handrücken so
auszuziehen, daß der ganze Tisch damit bedeckt ist. Er muß so
dünn sein, daß man eine Zeitung durch ihn lesen kann. Den
Teig mit zerlassener Butter beträufeln, die eine Längsseite mit
den angerösteten Bröseln bestreuen, darüber die Apfelstreifen,
dann die Nüsse, Rosinen, Zucker, Zimt, Zitronensaft und den
Rum geben. Diesen Apfelhügel mit zerlassener Butter beträufeln, die Schlagsahne gleichmäßig darauf verteilen, den übrigen
Teig mit Hilfe des Tischtuches über die ganze Füllung rollen
und das Mehl mit einem Pinsel leicht abbürsten. Die Füllung
sollte stramm eingerollt sein. Den Strudel, wenn nötig, in drei
gleiche Teile schneiden, auf ein gut gefettetes Backblech legen,
mit Butter bestreichen und im Backofen bei mittlerer Hitze
etwa 30–40 Minuten backen. Ab und zu mit Butter über-
pinseln, dies wiederholen, bevor der Strudel serviert wird, und
mit Puderzucker dick bestäuben.
Apfelstrudel ist ein Hochgenuß – warm oder kalt!

Schneeäpfel

8 Äpfel, 2 Eiweiß, 125 g Zucker, 12 Makrönchen

Die geviertelten Äpfel zugedeckt in der warmen Backröhre bei
200° weich kochen. Noch warm die Äpfel durch ein Sieb
drücken und ausgekühlt mit etwas Vanillezucker würzen. Eiweiß zu festem Schnee schlagen, Zucker und den kalten Apfel-
brei daruntermischen. Alles zusammen noch 10 Minuten mit
dem Schneebesen schaumig schlagen. Apfelschnee in eine Glas-
schale füllen und den Rand mit Makrönchen schmücken.

Kirschenmichel

¹/₄ l Milch, 300 g Mehl, 6 Eigelb, 3 EL Zucker, 1 Prise Salz, 6 Eiweiß, zu steifem Schnee geschlagen, mit 4 EL Zucker, 750 g Kirschen, aus der Dose, abgetropft, mit 100 g Zucker gewürzt, 20 g Butter zum Ausstreichen der Form

In die Milch das Mehl, die Eigelb, den Zucker und das Salz geben und mit Schneebesen glattschlagen. Eiweiß mit 4 EL Zucker zu Schnee schlagen. Die Kirschen mit Zucker würzen.
Eine feuerfeste Form aus Glas oder Ton mit zerlassener Butter ausstreichen und die Hälfte des Teiges gleichmäßig darin verteilen. Die gezuckerten Kirschen daraufgeben, verteilen und den restlichen Teig darüberdecken. Bei 200° C ca. 40 Minuten goldgelb backen. Hölzchenprobe machen. Mit Puderzucker bestreuen und auftragen.

Schwäbische Waffle

125 g Butter oder Margarine, 1–2 gut gehäufte EL Zucker, 1 Päckchen Vanillezucker, 3 Eier, 200 g Weizenmehl, 50 g Gustin, 2 gestr. TL Backpulver, etwa ¹/₄ l Milch, Speckschwarte oder Öl zum Backen, Puderzucker zum Bestäuben

Das Fett schaumig rühren und nach und nach Zucker, Vanillezucker und die Eier hinzugeben. Das mit Backpulver und Gustin gemischte und gesiebte Mehl abwechselnd mit der Milch unterrühren; so viel Milch verwenden, daß der Teig gerade anfängt, dünnflüssig zu werden. Den Teig in nicht zu großer Menge in ein gut erhitztes und gefettetes Waffeleisen füllen und von beiden Seiten goldbraun backen. Die Waffeln einzeln auf einem Drahtrost erkalten lassen, mit Puderzucker bestäuben und möglichst frisch essen, da sie im allgemeinen

schnell weich werden. Man kann sie gegebenenfalls noch einmal kurz im Waffeleisen erhitzen.

Fastnachtsküchle

500 g Mehl, 80 g Butter, 50 g Zucker, 2 Eier, 1 Prise Salz, 20 g Hefe, 1/4 l Milch, Fett zum Backen

Mit einem Vorteig macht man einen üblichen Hefeteig an. Nachdem er gegangen ist, nimmt man ihn aus der Schüssel auf ein leicht gemehltes Brett. Man rollt fingerdicke Stücke daraus und schneidet sie in schräge Vierecke (Rauten), je Stück etwa 20 g schwer. Man läßt sie nochmals gehen; aufgegangen legt man sie in heißes Fett und bäckt sie goldbraun. Fertig dreht man sie in Zucker oder Zimtzucker und ißt sie mit Apfelkompott oder am Nachmittag zum Kaffee.

Brandteigkräpfle

1/4 l Milch, 1 Prise Salz, 60 g Butter, 30 g Zucker, 250 g Weizenmehl, 6 Eier, Fett zum Backen

In die kochende Milch mit Salz, Butter und Zucker rührt man das Mehl mit einem Holzlöffel, und zwar so lange, bis sich der Teig vom Topf löst. Dann rührt man mit einem Holzlöffel ein Ei nach dem andern darunter. Den fertigen Teig sticht man mit einem Suppenlöffel klößchenweise wie Grießnocken in heißes Fett und läßt sie rösch backen. Ab und zu am Topf rütteln. Die fertigen Kräpfle legt man zum Abtropfen auf ein Sieb und bestreut sie dann dick mit Puderzucker.
Zu der warmen Süßspeise reicht man Apfelmus oder Kompott.

Süße Milchknöpfle

*¹/₂ l Milch, 30 g Butter, 1 Prise Salz, 125 g Mehl, 6 Eier, 1 l
Milch zum Kochen, 3 Eigelb, 50 g Zucker, 1 Päckchen Vanillezucker*

Zum Teig Milch mit Butter und Salz kochen und das Mehl hinzufügen. So lange rühren, bis sich der Teig glatt vom Topf löst.
Teig etwas auskühlen lassen. Dann die Eier darunterstechen
und mit einem Holzlöffel rühren.
Inzwischen die Milch in einem breiten Topf kochen, mit einem
Teelöffel aus dem Teig Klößchen formen und in die kochende
Milch legen. Langsam etwa 5 Minuten kochen, dann noch 5 Minuten ziehen lassen. Die fertigen Milchknöpfle aus der Milch
nehmen und in eine Schüssel legen.
Die 3 Eigelb mit 4 EL kalter Milch vermischen und unter die
heiße Milch rühren, die nun mit Zucker und etwas Vanillezucker gesüßt wird. Diese Milch darf nicht mehr kochen; sie be-
gleitet die Milchknöpfle als süße Sauce.

Dampfnudla

*750 g Mehl, 60 g Hefe, 2 EL Zucker, 100 g zerlassene Butter,
3 Eier, 1 Prise Salz, 5 EL Zucker, ¹/₈ l lauwarme Milch*

In das küchenwarme Mehl in einer Tonschüssel ein Loch
formen und mit etwas lauwarmer Milch, Zucker und Hefe den
glatten Vorteig rühren. Mit Mehl bestreuen und zugedeckt gehen lassen. Dann die Eier, Salz, Zucker und Butter darunter-
kneten und den Teig so lange schlagen, bis er sich von der
Schüssel löst und glatt ist. Mit etwas Mehl bestäuben und zugedeckt aufgehen lassen. Dann den Teig auf gemehltem Brett
zusammenschlagen und daumendicke, runde Scheiben mit

einem Weinglas von 5–8 cm Durchmesser ausstechen und nochmals aufgehen lassen.

Inzwischen in einer eisernen Bratpfanne $^1/_4$ l Wasser mit 20 g Butter und 2 EL Zucker kochen, die aufgegangenen Teigstücke hineinsetzen, zudecken und sacht auf mildem Feuer backen, bis sie krachen.

Zwetschgenknöpfle

500 g Zwetschgen, entsteint, halbiert, 300 g Weißbrotwürfel, $^1/_4$ l Wasser, 3 EL Mehl, 3 Eier, 1 Prise Salz, Schmalz zum Ausbacken

Weißbrotwürfel mit Wasser übergießen und eine Weile ziehen lassen. Ausdrücken, mit Mehl, Salz und Eiern vermischen und die Zwetschgen dazumengen. Mit einem Eßlöffel jeweils ein eigroßes Stück abstechen und im heißen Schmalz goldgelb backen.

Wer die Knöpfle süß möchte, streut Zucker darüber.

Ofenschlupfer

6 halb getrocknete Brötchen, in dünnen Scheiben, 50 g Zucker, 100 g Sultaninen, 100 g grobgehackte Mandeln, 5 Eier, $^1/_2$ l Milch, 50 g Butter

Eine gebutterte und mit Weckmehl ausgestreute Puddingform lagenweise mit Brötchenscheiben, Zucker, Sultaninen und Mandeln füllen. Den Schluß müssen Brötchen bilden. Milch mit Eiern verrühren und darübergießen, Weckmehl daraufstreuen und die Butter darüber verteilen. Form verschließen und in Wasser langsam kochen. Kochzeit 1 Stunde.

Beilage: eingemachte Früchte oder Apfelmus.

Pfitzauf

180 g Mehl, ¹/₈ l Milch, 4 Eier, 1 Prise Salz, 45 g zerlassene Butter, ¹/₄ l Milch

Mehl mit ¹/₈ l Milch glattrühren, nach und nach die Eier, Salz und die zerlassene Butter dazurühren. Jetzt ¹/₄ l Milch einrühren. Den glatten Teig in eine gebutterte, irdene Pfitzaufform nur zur Hälfte füllen und bei 220° C ca. 30 Minuten backen.

Schwäbische Kuchen
muß man versuchen!

Zwetschgakucha mit Hefeteig

Zutaten für ein normales Backblech:

2,5 kg Zwetschgen. – Hefeteig: 500 g Mehl, 1 Prise Salz, 100 g Zucker, ¹/₄ l lauwarme Milch, 50 g Butter, lauwarm, flüssig, 20 g Hefe

Mehl in einer Tonschüssel in der Mitte zum Brunnen formen, Hefe mit einer Prise Zucker und 5 EL lauwarmer Milch zum Vorteig (Hefel) rühren. Zugedeckt gehen lassen, bis er überquillt. Butter an den Rand der Schüssel gießen, Zucker und Salz dazustreuen und die lauwarme Milch darübergießen. Vom Hefel aus den Teig zusammenkneten und so lange schlagen, bis er sich von der Schüssel löst und Blasen wirft. Teig zusammenkneten, Schüssel leicht mehlen und den Teig hineinlegen. Zudecken und warten, bis er sich verdoppelt hat.
Auf einem leicht gemehlten Backbrett den Teig zusammenschlagen und gleichmäßig dünn in Backblechgröße ausrollen. Erst zur Hälfte, dann zum Viertel zusammenschlagen und auf das gefettete Blech legen. Erst ein Viertel aufklappen, dann die Hälfte auf die freie Blechseite klappen, so daß der Teig gleichmäßig dünn über das ganze Blech verteilt ist. Bitte ein Backblech nehmen, bei dem eine schmale Seite offen ist, dann läßt sich der fertig gebackene Kuchen leichter vom Blech auf ein Brett schieben. Zusammengelegte Alufolie als Schiene an die offene Seite vor den Teig stellen, damit der Saft nicht in den Ofen laufen kann.

Zwischen Teig und Früchten:

Auf den Teig 250 g Semmelbrösel streuen, damit der Zwetschgensaft nicht in den Teig sickern kann. Dann die entsteinten, längs geschnittenen Zwetschgen sorgfältig auf den Teig stellen, so, daß möglichst viele daraufgehen.
Den belegten Teig in den vorgeheizten Backofen auf Mittelschiene schieben und bei 250° C ca. 35 Minuten backen. Erst den fertigen Kuchen mit Zimtzucker bestreuen, weil die Früchte, vorher gezuckert, zu viel Saft ziehen würden. Den fertigen Kuchen sofort auf ein Brett schieben. Wenn nämlich Zwetschgensaft mit Blech in Berührung kommt, fängt der Kuchen an zu blecheln und schmeckt dann nicht mehr gut.

Omas Art:

100 g Semmelbrösel mit 100 g Zucker und 100 g gemahlenen Haselnüssen mischen, 8 EL Zwetschgenwasser dazumengen und wie Streusel auf den belegten Zwetschgenkuchen verteilen. Dann erst backen.

Apfeltorte

500 g Äpfel, geschält, entkernt, in fingerdicke Scheiben geschnitten, 50 g Rosinen, 1 abgeriebene Zitronenschale, 1 TL Zimtpulver. – Guß: ¹/₈ l süße Sahne, 100 g Puderzucker, 50 g Mehl, 3 Eier

Auf den Hefeteig (s. Rezept Seite 137, Hälfte der Zutaten) die Apfelscheiben legen, etwas zuckern und mit Zitronenschale und Zimt bestreuen. Die Rosinen darauf verteilen.

Zum Guß in der Sahne das Mehl mit einem kleinen Schneebesen verrühren, Zucker beifügen und die Eier darin glattschlagen. Den Kuchen im heißen Backofen bei 200° C etwa
10 Minuten backen, dann erst den Guß gleichmäßig darauf verteilen und noch 30 Minuten backen. Auf die kalte Torte Puderzucker streuen.
Auf diese Weise kann man fast alle Obstsorten in Torten ver-
zaubern.

Rhabarberkuchen

Teig: 150 g Margarine, 150 g Zucker, 3 Eier, 1 Prise Salz, 1 ab-
geriebene Zitronenschale, Saft von 1 Zitrone, 220 g Mehl,
vermischt mit 2 TL Backpulver, 4 EL Milch. – Belag: 600 g ge-
schälter Rhabarber, in 2 cm kurze Stücke geschnitten und ver-
mischt mit 200 g Zucker und 1 TL Zimt

Margarine mit Zucker schaumig rühren. Eier und Gewürze
dazugeben, das Mehl nach und nach hineinrühren und schließlich die Milch. Den Teig gleichmäßig in eine gefettete Springform geben. Rhabarber darauf verteilen und im mittelheißen
Ofen 40–50 Minuten backen. Kalt mit Puderzucker bestreuen.

Zwetschgenkuchen mit Mürbteigboden

1 kg Zwetschgen. – Teig: 200 g Weizenmehl, 100 g Butter
oder Margarine, 50 g Zucker, 1 Prise Salz, 1 Ei

Mehl als Brunnen auf das Backbrett geben, in die Mitte Butter,
küchenwarm, mit Zucker, Salz und Ei geben, die Zutaten
langsam zum Teig kneten und 30 Minuten ruhen lassen. Obst-
tortenform von 28–30 cm Durchmesser gut fetten. Den Teig

dünn ausrollen und die Form belegen. 200 g Semmelbrösel darauf verteilen. Mit einer Gabel Löcher in den Teig stippen, damit er beim Backen keine Blasen wirft. Die vorbereiteten Zwetschgen darauf legen und den Kuchen bei 250° C ca. 30 Minuten backen.
Weitere Behandlung wie beim Zwetschgenkuchen mit Hefeteig (s. Seite 137).

Apfelkuchen mit Rührteig

Rührteig: 4 Eigelb, 4 Eiweiß, mit wenig Zucker zu festem Schnee geschlagen, 150 g Puderzucker, 125 g Butter oder Margarine, 2 Päckchen Vanillezucker, 60 g Stärkepuder, vermischt mit 70 g Mehl und 1 Prise Backpulver. – Belag: 1 kg mürbe Äpfel, Zitronensaft, 4 EL Rosinen

Eigelb mit Zucker schaumig rühren, die erwärmte Butter und nach und nach das mit Stärkepuder und Backpulver vermischte Mehl zufügen. Zuletzt den steifen Eischnee darunterheben und eine gefettete Springform bis zur Hälfte mit der Masse füllen.
Die Äpfel schälen, vierteln, entkernen, die gewölbte Seite fein einschneiden und mit Zitronensaft beträufeln, damit die Äpfel weiß bleiben. Dann die Äpfel auf den Rührteig in der Springform verteilen. Bei Mittelhitze ca. 30 Minuten lang backen, nach 10 Minuten die Rosinen darüberstreuen und nach dem Backen, wenn der Kuchen beinahe ausgekühlt ist, mit Zucker gut glasieren.

Rhabarberkuchen mit Rührteig

Rührteig wie beim Apfelkuchen (s. Seite 140), 1 kg geschälter Rhabarber, in 2 cm großen Stücken, 300 g Zucker, 4 EL Weinbrand

Rhabarber mit Zucker vermischen und den Weinbrand zufügen.
Rührteig in einer Springform ausbreiten, die Rhabarbermischung darauf verteilen und den Kuchen bei Mittelhitze ca. 30 Minuten backen.

Flachswickel

500 g Mehl, 250 g Butter, 2 Eier, 20 g Hefe, 1 Prise Salz, Milch nach Bedarf, Zucker nur so viel, als zum Angehen notwendig ist, grober Zucker zum Ausrollen

Hefeteig zubereiten und gehen lassen. Dann kleine Stückchen abschneiden und auf grobem Zucker rollen, in der Mitte dicker, zu den Enden hin dünner, und in die Form eines Flachswickels drehen. Nur noch wenig gehen lassen und hellgelb backen.

Zwiebelkuchen zum neuen Wein

Teig: 500 g Mehl, 30 g Hefe, 1 Prise Zucker, 1 Prise Salz, 125 g Schmalz (Teig wird dadurch mürber und zarter), 3 Eigelb, 1/4 l Wasser (keine Milch). – Zwiebelauflage: 1 kg Zwiebeln, in feinen Würfeln, 200 g magere Speckwürfel, Schmalz zum Anbraten, 5 Eier, 1/4 l saure Sahne, Salz, Kümmel

Zum Teig das vorgewärmte Mehl in eine Schüssel geben, in der Mitte eine kleine Mulde machen und die mit etwas lauwarmem

Wasser und Zucker aufgelöste Hefe hineingießen. Mit etwas Mehl zu einem Teiglein rühren und diesen Vorteig zugedeckt gehen lassen. Das zerlassene Schmalz, Eigelb, Salz und das lauwarme Wasser dazugeben und alles zu einem glatten, festen Teig kneten, der sich von der Schüssel löst. Nochmals aufgehen lassen und fingerdick ausrollen. Auf ein rundes oder rechteckiges, gefettetes Blech legen, die Teigränder etwa 2 cm hoch andrücken und noch einmal gehen lassen.

Die Zwiebelwürfel in Schmalz hell dünsten und ³/₄ der Speckwürfel dazugeben. Etwas ausgekühlt auf den Teig verteilen. Eier mit Sahne und etwas Salz verrühren und über die Zwiebeln gießen. Die restlichen Speckwürfel und etwas Kümmel darüberstreuen. In den mittelheißen Ofen schieben und ca. 30 Minuten goldgelb backen. Warm servieren!

Sauerkrautkuchen

1 übliches Blech mit Teig belegt, wie beim Zwiebelkuchen. – Krautauflage: 1500 g Sauerkraut, ausgedrückt und klein gehackt, 120 g Schweinefett, 100 g Zwiebelwürfel, Salz, weißer Pfeffer, ¹/₈ l Milch, 5 EL Mehl, ¹/₈ l saurer Rahm, verrührt mit 3 Eiern

Im Fett die Zwiebeln hell andünsten, Kraut dazugeben und sacht etwa 15 Minuten dünsten. Dann die Milch, das Mehl, die Gewürze und die Eiersahne daruntermengen. Kraut gleichmäßig auf den Hefeteig verteilen und bei 250° C ca. 15 Minuten goldbraun überbacken. Der Kuchen wird warm gegessen.

»Weihnachtsgutsle«
und anderes Gebäck

Zuckerglasur

200 g Puderzucker, klümpchenfrei, 2 EL Zitronensaft, 2 EL heißes Wasser, besser noch heiße Milch, der Guß wird weißer und glänzt besser

Mit einem kleinen Holzlöffel, später mit einem kleinen Schneebesen die Masse 5–10 Minuten rühren. Um zu decken, darf der Guß nicht zu dünn sein; bitte vorher auf einem Gebäckstück eine kleine Probe machen.

Gutsle

375 g Butter, 3 Eier, 1 Prise Salz, 1 abgeriebene Zitronenschale (von unbehandelter Zitrone), 375 g Zucker, 500 g Mehl

Butter schaumig rühren. Eier, Salz, Zitronenschalenabgeriebenes und das Mehl dazugeben. Den Teig auf dem Nudelbrett fertig kneten, dann halb-bleistiftdick ausrollen und mit gezacktem Rundausstecher, Durchmesser 10 cm, ausstechen. Bei der Hälfte davon mit einem kleinen runden Ausstecher noch drei Löcher ausstechen, Durchmesser 1,5 cm.
Die Plätzchen auf gefettete und gemehlte Backbleche setzen und bei 200° C ca. 10 Minuten backen. Kalt bestreicht man die vollen Plätzchen mit heißer Marmelade und setzt darauf die anderen mit den drei Löchern, dick mit Puderzucker bestreut.

Anisplätzle
(Zutaten für 150–200 Stück)

4 Eier, 250 g Puderzucker, 2 Päckchen Vanillezucker, 1 Prise Salz, 1–2 EL Anis, 300 g Mehl

Eiweiß steif schlagen, Eigelb mit Zucker rühren, in den Schnee
mischen. Gewürze mit Mehl vermischen und unter die Schaum-
masse ziehen. Die Masse in einen Spritzbeutel mit Lochtülle
füllen, auf gutgefettete Bleche kleine Punkte spritzen und über
Nacht trocknen lassen, bis sich die Plätzchen schieben lassen.
Bei 180° C ca. 20–25 Minuten backen. Das Gebäck soll weiß
bleiben.

Vanillebrötle
(Zutaten für 150–200 Stück)

4 Eier, 300 g Puderzucker, 2 Päckchen Vanillezucker, 1 abgeriebene Zitronenschale, 300 g Mehl, 1 Prise Salz

Eiweiß steif schlagen, Eigelb mit Zucker und Zitronenschale gut
rühren, mit dem Schnee mischen und dann nach und nach das
gesiebte Mehl darunterheben. Die Masse in einen Spritzbeutel
mit Lochtülle füllen, auf gutgefettete Bleche kleine Punkte
spritzen und trocknen lassen, bis sich die Plätzchen schieben
lassen. Bei 180° C ca. 15 Minuten backen.

Himbeerbrötle
(Zutaten für ca. 70 Stück)

500 g Zucker, 6 Eier, 4 EL Himbeermarmelade, 1 abgeriebene
Zitronenschale, Saft von 1 Zitrone, 500 g Mehl

Zucker mit Eiern schaumig rühren, Himbeermarmelade und die
Zitronengewürze und schließlich löffelweise das Mehl beigeben.
Den Teig mit Kaffeelöffel auf gefettete Bleche setzen und 30
Minuten übertrocknen lassen. Bei 200° C ca. 20 Minuten
backen.

146

Zedernbrötle
(Zutaten für ca. 45 Stück)

2 Eiweiß, 375 g Zucker, 375 g Mandeln, ungeschält, gemahlen, Saft von 2 Zitronen, 1 abgeriebene Zitronenschale

Eiweiß zu festem Schnee schlagen, den Zucker, dann die Mandeln und die Zitronengewürze daruntermischen. Den Teig ca. 5 mm dick ausrollen. Halbmonde ausstechen und über Nacht trocknen lassen. Danach bei 200° C ca. 20 Minuten backen. Noch warm mit Zuckerguß bestreichen und im lauwarmen Ofen kurz übertrocknen.

Bärentätzle oder Schokoladenmuscheln
(Zutaten für 30 Stück)

4 Eiweiß, 250 g Zucker, Saft von 1 Zitrone, 60 g geriebene Schokolade, 60 g Kakao, 1 Päckchen Vanillezucker, 250 g Mandeln, ungeschält, gemahlen

Eiweiß zu festem Schnee schlagen, Zucker darunterziehen, dann langsam sämtliche übrigen Zutaten dazugeben. Diese Masse 1 Stunde ruhen lassen. Teig mit Zucker und Mehl auf dem Brett glatt wirken, Rollen vom Durchmesser eines Zweimarkstückes formen, Stücke von ca. 50 g schneiden, die dann in die gezuckerte Holzform gedrückt werden. Auf gefettete Bleche setzen, über Nacht stehen lassen und dann bei 200° C backen.

Butter-S
(Zutaten für 70–80 Stück)

500 g Mehl, 250 g Butter, 200 g Zucker, 7 Eigelb, Hagelzucker und Eigelb zum Verzieren

Mehl zu einem Kranz auf das Backbrett schütten, Zucker hinein, darauf die Eier, gut mischen, dann die Butter dazu und vorsichtig mit dem Mehl zusammenwirken. Teig ca. 20 Minuten ruhen lassen. Dann in fingerdicke Streifen rollen, die in Stücke von 10 cm Länge geschnitten werden (Pappmaß). Diese Stücke zu »S« formen, mit Ei bestreichen, mit Hagelzucker bestreuen und auf Bleche setzen. Bei 200° C ca. 15 Minuten backen.

Spitzbüble
(Zutaten für ca. 60 Stück)

250 g Butter, 375 g Mehl, 180 g Zucker, 2 Päckchen Vanillezucker, Aprikosenmarmelade

Den Teig wie einen Mürbteig zubereiten, zu 5 mm Dicke ausrollen und rund oder gezackt in drei Größen ausstechen. Bei 200° C ca. 15 Minuten blaßgelb backen.
Kalt je drei Stück zusammensetzen, dazwischen heiße Aprikosenmarmelade streichen. Diese kleinen Terrassen mit Zucker- oder Zitronenglasur bestreichen und mit Puderzucker bestreuen.
(Mürbteig siehe Seite 139)

Wibele oder Geduldszeltle
(Zutaten für ca. 150 Stück)

5 Eiweiß, 125 g Puderzucker, 1 Päckchen Vanillezucker, 180 g Mehl

Eiweiß mit Zucker steif schlagen, Mehl hineinregnen lassen. Masse in Spritzbeutel füllen. Auf gutgefettete Bleche immer 2 kleine Punkte aneinandersetzen und über Nacht trocknen lassen. Bei 150° C ça. 10 Minuten backen.

Pomeranzenbrötle
(Zutaten für ca. 40 Stück)

250 g Zucker, 4 Eier, 60 g Mandeln, geschält, gehackt, 1 abgeriebene Zitronenschale, 60 g Pomeranzenschale, gewürfelt, 300 g Mehl

Zucker und Eier schaumig rühren, Mandeln, Gewürze und Mehl nach und nach dazurühren. Die Masse mit Kaffeelöffel auf gefettete Bleche häufeln und 30 Minuten übertrocknen lassen. Bei 200° C ca. 20 Minuten backen.

Basler Lebkuchen
(Zutaten für ca. 50 Stück)

500 g Honig, 250 g Zucker, 100 g süße Mandeln, geschält, grob gemahlen, 75 g Zitronat und 75 g Orangeat, beides fein gewürfelt, 10 g Pottasche, 10 g Hirschhornsalz, 1 Likörglas Kirschwasser, 2 Päckchen Vanillezucker, 10 g Zimt, 4 g Nelken, 5 g Kardamom, 2 abgeriebene Zitronenschalen, 2 Eier, 750 g Mehl, viereckige Oblaten

Zucker und Honig aufkochen, abkühlen lassen, noch warm die Zutaten daruntermischen, zum Schluß das Mehl. Die Triebmittel, also Pottasche und Hirschhornsalz, in dem Kirschwasser auflösen und hinzufügen. Den Teig über Nacht stehen lassen. Am anderen Morgen auf viereckige Oblaten verteilen, je Stück ca. 40 g. Eine Stunde trocknen lassen und bei 250° C ca. 25–35 Minuten backen. Noch warm mit Zuckerguß bestreichen.

Basler Leckerli

750 g Honig, 375 g Zucker, 375 g Mandeln, abgezogen und gemahlen, 50 g Zitronat und 50 g Orangeat, beides fein gewürfelt, 20 g Zimt, 1 große Prise Muskat, 1 Prise Nelken, 1 abgeriebene Zitronenschale, 1 Likörgläschen Kirschwasser, 850 g Mehl

Honig mit Zucker auf kleine Flamme setzen und erwärmen, bis die Flüssigkeit Blasen schlägt. Die übrigen Zutaten langsam dazugeben, das Kirschwasser darübergießen, anzünden und dabei alles gut vermengen. Jetzt kommt erst das Mehl darunter. Der Teig wird so lange gerührt, bis er sich vom Topf löst. Er-

kalten lassen, dann den Teig aufs Brett nehmen und blechgroße Platten von 5 mm Dicke ausrollen. Bei 200°C ca. 30 Minuten backen. Diese gebackene Platte wird im Ganzen glasiert und noch heiß in Stücke von 5 mal 8 cm (Pappmaß) geschnitten.

Guß:

250 g Puderzucker mit 2 EL heißer Milch und ¹/₂ Zitronensaft gut rühren und auf das warme Gebäck streichen.

Die fertigen Leckerli luftdicht verpacken.
Wer die Leckerli lockerer mag, gibt 1–2 Messerspitzen Hirschhornsalz oder Pottasche hinzu.

Springerle
(Zutaten für 50–60 Stück)

4 Eier, 500 g Puderzucker, 1 Prise Hirschhornsalz, 500 g Mehl (vom besten), 2 EL Anis, 1 abgeriebene Zitronenschale, 1 Likörglas Kirschwasser

Eier und Zucker eine Stunde schaumig rühren, das Triebmittel dazugeben und nach und nach das feingesiebte Mehl hineinregnen lassen. Dann kommt das Gewürz hinzu und nun wird der Teig auf dem Brett fertig gewirkt. 2 Stunden ruhen lassen. Die Model mit einem kleinen mehlgefüllten Mullsäckchen gut ausstauben. Den Teig etwa 1 cm dick ausrollen, in Größe des Models beschneiden, darauflegen und mit dem bemehlten Handballen fest hineindrücken, damit die Formen scharf herauskommen. Dann die einzelnen Stücke sauber abschneiden und auf das gefettete, dünn mit Anis bestreute Blech legen. Nun läßt man sie 24 Stunden in der warmen Küche ruhen. Da-

nach bei 180° C ganz langsam backen. Sie dürfen unten zart goldgelb werden und müssen oben weiß bleiben und ein gleichmäßiges Füßchen bekommen. Das ist ein Prüfstein und Ehrenpunkt.

Bitte nie mehr als 1 kg Teig anmachen, weil er sonst während der Verarbeitung zu rasch trocknet.

Die Springerle müssen mindestens 4 Wochen kühl und nicht zu trocken lagern, damit sie recht zart und mürbe werden.

Zimtsterne
(Zutaten für 75–80 Stück)

9 Eiweiß, 500 g Puderzucker, Saft von 1 Zitrone, 30 g Zimt, 500 g Mandeln, ungeschält gemahlen, 125 g Zucker zum Auswellen

Eiweiß zu festem Schnee schlagen, den Zucker darunterziehen. Von dieser Masse ca. 10 Eßlöffel voll wegnehmen. Nun in den restlichen Teil des Schnees die anderen Zutaten mischen und 20 Minuten stehen lassen, damit die Mandeln gut aufweichen können. Von der Masse immer kleine Teile auf dem überzuckerten Brett 1 cm dick ausrollen, Sterne ausstechen und aufs Blech setzen, das gut gewachst und gemehlt sein muß. 2 Stunden lang abtrocknen lassen, dann die zurückgelassene Eiweißmasse in einen Spritzbeutel mit kleiner Lochtülle füllen und auf die Zimtsterne dünn und kreuzweise spritzen. Das Gebäck kann auch einfach mit dem Guß bestrichen werden. Bei 180° C ca. 20 Minuten backen. Der Guß soll ganz blaß bleiben.

Schwabenbrötle
(Zutaten für ca. 100 Stück)

375 g Mehl, 250 g Butter, 250 g Zucker, 250 g Mandeln, gemahlen, 1 TL Zimt, 1 abgeriebene Zitronenschale, 1 Prise Salz, 2 Eier. – Zum Verzieren: Eigelb, Mandeln, Hagelzucker

Alle Zutaten zusammenarbeiten, den Teig 1 Stunde kühl stellen und ¹/₂ cm dick ausrollen. Figuren ausstechen, über Nacht liegen lassen, mit Eigelb bestreichen, mit feingewiegten Mandeln und Hagelzucker bestreuen und bei 200° C ca. 25 Minuten backen.

Hägemarkkrönle
(Zutaten für 60–70 Stück)

3 Eiweiß, 250 g Zucker, 2 EL Hägemark (Hagebuttenmark), 250 g Mandeln, geschält, gerieben, Saft von ¹/₂ Zitrone

Eiweiß zu festem Schnee schlagen. Zucker und Hägemark darunterziehen. Von dieser Masse ca. 5 Eßlöffel voll wegnehmen. Unter den restlichen Teil die Mandeln und den Zitronensaft mischen. Nun diese Masse in einen Spritzbeutel mit Lochtülle füllen und auf gefettete und gemehlte Bleche spritzen, etwa in der Größe eines Markstückes. In die Mitte dieser runden Tropfen mit einem Pinselstiel ein kleines Loch drücken und in dieses den abgenommenen Schnee spritzen, nur einen kleinen Punkt. Dann bei 180° C ca. 15–20 Minuten backen.

Albertle
(Zutaten für 90–100 Stück)

100 g Butter, 4 Eier, 200 g Zucker, 1 Päckchen Vanillezucker, 300 g Mehl, 100 g Mehl zum Auswallen, 200 g Stärkemehl, 2 EL Rahm, 1 Päckchen Backpulver

Butter schaumig rühren. Wechselweise Eier, Zucker und hernach die anderen Zutaten beigeben. Teig 1 Stunde kühl ruhen lassen, dünn ausrollen, mit dem Reibeisen ein Muster aufdrücken, runde Plätzchen ausstechen und bei 180° C hellgelb backen.

Grießmakrönle
(Zutaten für 30–40 Stück)

4 Eiweiß, 250 g Zucker, 2 Päckchen Vanillezucker, 125 g Grieß, 125 g Mandeln, geschält, gemahlen

Eiweiß zu festem Schnee schlagen, Zucker darunterziehen. Inzwischen den Grieß mit den Mandeln rühren und diese Mischung unter den Schnee ziehen. Die Masse über Nacht stehen lassen. Morgens mit einem Kaffeelöffel auf gefettete Bleche setzen und bei 200° C ca. 25 Minuten backen.

Ausstecherle
(Zutaten für 200–250 Stück)

1000 g Mehl, 450 g Zucker, 3 Eier, 3 abgeriebene Zitronenschalen, 1 Päckchen Vanillezucker, 550 g Butter. – Oder: 500 g Butter, 250 g Puderzucker, 1 Prise Salz, 1 abgeriebene Zitronenschale, 750 g Mehl, 2 Päckchen Vanillezucker (für ca. 150 Stück), allerlei zum Verzieren

Mürbteig soll möglichst rasch und kalt zubereitet werden. Das Mehl in Kranzform auf das Backbrett bringen, in der Mitte den Zucker und die Eier vermischen, das Gewürz dazu und zuletzt die geschnittene Butter. Von außen her das Mehl darunterwirken. Den Teig 30 Minuten am kühlen Ort ruhen lassen. Dann 5 mm dick ausrollen, alle möglichen Formen ausstechen, auf saubere Bleche setzen, mit Ei bestreichen und verschieden schmücken: mit halben Mandeln, 2 Rosinen, kleinen Stücken Zitronat, kleinen Scheiben Orangeat. Bei 200 ° C hellbraun backen.

Zimtbrot
(Zutaten für 160–200 Stück)

500 Zucker, 7 Eier, 700 g Mandeln, ungeschält, gehobelt und leicht auf einem Backblech bei kleiner Hitze geröstet, 2 abgeriebene Zitronenschalen, 60 g Zitronat, fein gewürfelt, 20 g Zimt, 1 Messerspitze Nelkenpulver, 800 g Mehl, 1 Päckchen Backpulver

Zucker mit Eiern schaumig rühren, Mandeln und die weiteren Zutaten beifügen. Den Teig auf dem Brett gut wirken. Daraus 2 bis 4 lange Rollen formen und auf gefettete Bleche legen. Bei

200° C hellbraun backen. Etwas auskühlen lassen, dann mit scharfem Messer Scheiben von etwa 1 cm Dicke schneiden, diese auf das Blech legen und bei 200° C auf beiden Seiten goldbraun rösten wie Zwieback oder Toast.

Stuttgarter Hutzelbrot
(Zutaten für 6 Laibe)

500 g gedörrte Birnenschnitze, 500 g getrocknete Pflaumen, 40 g Hefe, 1000 g Mehl, 250 g Zucker, 500 g Feigen, 125 g Orangeat, 125 g Zitronat, alles gewürfelt, 250 g Haselnüsse oder Walnüsse, gemahlen, 250 g Mandeln, ungeschält, gemahlen, 250 g Sultaninen, 250 g Rosinen, 30 g Zimt, 1 EL Anis, 1 Prise Salz

Pflaumen und Birnen über Nacht einweichen. Die Pflaumen entkernen und würfeln, die Birnen im Einweichwasser aufkochen, ebenfalls würfeln und zu den Pflaumen schütten. Zugedeckt über Nacht auskühlen lassen.

Am Morgen die Früchte auf ein Sieb schütten. Mit der Brühe, die etwas angewärmt wird, und mit der Hefe, etwas Mehl und Zucker ein Hefestück ansetzen. Sobald es gegangen ist, das Mehl und dann nach und nach sämtliche anderen Zutaten darunterarbeiten. Den Teig gut zusammenschlagen, mit Mehl bestäuben und zugedeckt an einem warmen Ort gehen lassen. Sobald das Mehl Risse bekommt, wird der Teig auf dem Brett zusammengewirkt. Stücke von 500 g abwiegen und zu Laiben formen. Über Nacht stehen lassen und am anderen Morgen bei 250° C ca. 40–50 Minuten backen.

Damit aber noch nicht genug: Noch warm werden die Laibe mit etwas Schnitzbrühe, die dafür aufgehoben wurde, bestrichen.

Nach einigen Tagen kann das Hutzelbrot bereits gegessen werden. Man kann es sehr lange aufheben.

Ulmer Brot
(Zutaten für 4–5 Brote)

1500 g Mehl, 60 g Hefe, ¹/₂ l Milch, 125 g Butter, 250 g Zucker, 30 g Zitronat, gewürfelt, 1 Prise Anis, 1 Prise Fenchel, 3 Päckchen Vanillezucker, Ei zum Bestreichen

Mit lauwarmer Milch ein Hefestück (siehe Seite 137) ansetzen. Nach dem Gehen das Mehl und die anderen Zutaten hineinarbeiten und den Teig gut schlagen. In 4–5 gleichmäßige Stücke teilen, jedes Stück zu einem länglichen Laib formen, der in der Mitte der Länge nach eingeschnitten wird. Auf gefetteten Blechen 20 Minuten gehen lassen, dann außerhalb des Schnittes mit Ei bestreichen und bei 220° C backen.

Alphabetisches Register
der Rezepte

KOCHBUCH

In der KOCHBUCH-Taschenbuchreihe erscheint als Band mit der Bestellnummer 62 027:

Richard Hittleman

DAS YOGA-GESUNDHEITS-KOCHBUCH

*Die natürliche Yoga-Ernährung kann
Ihr Leben verändern!
Lernen Sie von dem bekannten
Yoga-Lehrer Richard Hittleman über
250 naturfrische, internationale
Gerichte – Salate, Suppen, Imbisse,
Hauptgerichte, Süßspeisen, Brote,
Kuchen, Gebäck – auf einfache, schnelle
und köstliche Weise zubereiten.
Sie werden durch diese naturgemäße
Ernährung jung, schlank und
energiegeladen oder bleiben es.
Für Yoga-Anfänger und für alle, die
sich natürlich ernähren möchten.*

BASTEI
LÜBBE

KOCHBUCH

In der KOCHBUCH-Taschenbuchreihe erscheint als Band mit der Bestellnummer 62 028:

Renate Sieger

FRÜHLING, SOMMER, HERBST UND WINTER

Gut gekocht das ganze Jahr

Dieses Kochbuch soll während des ganzen Jahres ein kleiner Führer in Ihrer Küche sein. Es soll Ihnen helfen, den täglichen Speisezettel so abwechslungsreich wie möglich zu gestalten. Nutzen Sie die Angebote an frischem Obst und Gemüse, die jeweils im Frühling, Sommer, Herbst und Winter auf dem Markt sind. Hier sind die Rezepte dazu: mal bürgerlich, mal extravagant – doch immer herzhaft und pikant.

BASTEI LÜBBE

KOCHBUCH

BASTEI
LÜBBE